U0882798

历史的智慧

国家人文历史
NATIONAL HUMANITY HISTORY

军阀时代

内忧外患的大争之世

《国家人文历史》编著

中央党校出版集团 大有书局

目录

001 北洋集团统治地位的确立

北洋集团统治地位的确立

北洋集团：清廷“子公司”

公正地讲，在辛亥革命前后，集晚清最后之精华的北洋军阀集团，代表了清政府洋务运动以来最先进的部分，在实力上远远超越了其他任何挑战者。而与晚清政府千丝万缕的关系，也使得他们在继承政权上有不少先天优势，比如现成的政治军事架构、大批可供驱使的官僚等。从这个意义上说，北洋军阀集团的统治，本身就是清王朝最后一点“优良资产”的延续。

而北洋军阀也有着自己的困难，虽然他们继承了许多来自清政府的“优良资产”，但他们还是不可避免地缺乏关键一环：中央权威认同。尤其是在辛亥革命之后，共和、民主等概念深入人心，世界大势已然改变。北洋军阀能坐上中央政府的宝座，但却无法像以前的清政府那样自动获得别人对自己中央的权威认同。很多时候，他们不得不在缺乏中央权威的情况下，履行着中央政府的职责。这种困境，伴随着整个北洋政府统治时期，不断削弱他们的统治、耗散他们的实力。在袁世凯当政时，北洋政府还能凭借他个人的权威和谋略，勉强代表中央政府维持统一局面。可一旦当他利令智昏地复辟称帝，给予了别人足够的大义名分时，整个局面就在瞬间土崩瓦解。甚至连北洋军阀自身，也只能在分裂和混战中走向末路。从这个角度来说，一部北洋军阀集团的统治史，也正是一部中国旧秩序旧体系回光返照、最终耗散的历史。

不够完美的中央："袁记"北洋政府成立

1912年3月10日，在经过长期的磋商、阴谋和谈判之后，袁世凯终于如愿以偿，在北京的石大人胡同（原清政府外务公署）就任中华民国临时大总统，开始了北洋政府的统治。但摆在他面前的，是一个远比他曾效忠的晚清还要糟糕、还要软弱的中央政府：在南方各省，有着大量他压根控制不了的军队，领导权掌握在革命推选出来的都督手中；而南京还有一个参议院，掌握了部分立法权和行政权；就在他就职的次日，孙中山在南京公布了《临时约法》，对大总统的权力做了最大量的限制后，才在4月1日卸任。对于这种事实上的割据和掣肘，袁世凯完全有理由暗中不爽。作为一名曾经的清政府高级官员，他清楚地记得朝廷中央的威严：即便清朝已经衰弱得不成话，也依然可以用一纸诏书，就把手握兵权的他直接赶回老家。同样是国家的最高元首，为什么他现在就得面临这种困境呢？所以，在袁世凯看来，不管是为了维护自己的统治也好，还是为了维护整个北洋集团的利益也好，削平地方割据，建立一个在他理解中有能力的中央政府，是迫在眉睫的任务。

辛亥革命之后，全中国共有30多个师又50余旅，军队总兵力约120万人。在这些军队中，袁世凯赖以生存的本钱——嫡系的北洋军虽然占了一半，但主要是分布在长江以北的直隶、山东、安徽（部分）等地，整个长江以南的江苏、安徽（部分）、浙江、福建、广东等地的十几万军队，还在革命党人的控制下。此外还有一些独立的地方势力，如广西一地就有3.7万余旧军及2000新军。作为一个靠军队起家的人，袁世凯对军队割据状况最为在意。但显然，要想用武力将这些割据的军事力量直接消灭很难做到，他必须充分利用手中的中央大义名分。

削弱地方军事：北洋政府全国整军

在辛亥革命之后，南方各省自行推选的都督掌握本省军政大权，并不接受中央任命。北洋政府接掌政权之后，面对这种既成事实，不得不以中央追认的形式承认。但这种本质上形同唐末藩镇割据的局面，是中央政权无论如何都没法容忍的。袁世凯即便是为了自己能坐稳大总统的宝座，也必须想尽一切办法根除这种割据局面。他在上台之后，首先就对中央管理层、军队制度建设和地方军事机关，以总统令的形式进行了规范。

1912年3月31日，刚当上大总统的袁世凯发布的第一道命令，就是《训勉军人令》，要求全国陆海军人必须服从他的“统一命令”。在这道精神大于实质的命令之后，是袁世凯以中央政府名义进行的各种改革。在中央层面，袁除了将军事参议处交给了亲信大将冯国璋，还在南京临时政府北迁后，将南京方面的参谋本部纳入了自己的直接管辖体系。通过10月30日《参谋本部官制》，明确参谋本部负责全国军队的调动使用、拥有全国军队参谋将校的管辖权。此外，北洋政府在国务院中设立陆军部，拥有管理全国陆军行政事务大权，由他另一名忠心耿耿的得力下属段祺瑞把控。

9月15日，袁世凯以大总统令的名义发布命令，将清朝遗留下来的镇、协、标、营统一改成现代化的师、旅、团、营、连、排的建制。通过这次调整，袁世凯实现了对军队更好的掌控，同时在客观上，也促进了中国军队的近代化建设；通过这次改制，北洋军阀集团嫡系的陆军12个师控制了长江以北，江苏、辽宁、湖北、浙江等地方的部分陆军师也在其掌控之中，此外还有张勋等控制的定武军、安武军、毅军等派系，和北洋系颇有渊源。至此袁世凯勉强在军事方面形成了对全国的控制。

1913年1月8日，北洋政府又颁布了《现行都督府组织令》，在法理上对地方的军事机关作出了规定，明确各省陆军由都督统帅，而一些较为特别的地区则设置护军使。其作用有二：一是直属中央，代中央管理当地省份；二是在已有军政长官的省份设置，起到分化和重点控制的作用。此外，还有镇守使和特别都统署的设置，镇守使一般由师、旅长担任，负责一些重镇的绥靖工作。

无法贯彻的权威：地方和北洋政府中央的对抗

虽然袁世凯以中央的名义发布了一系列命令，但可想而知，这些意图削弱地方政权实力的举措，理所当然地会引起极大反弹。在1912年4、5月间，袁世凯先后召开多次军事会议要求裁减地方军队。但在具体裁军方案上，代表北洋政府制定裁军方案的段祺瑞，居然不敢硬性要求各省裁减，只能建议各省以辛亥革命前清政府规定的原有军饷兵额为限。由此可见，此时的北洋政府对地方不敢轻易下手。

不过，由于袁世凯控制了中央财政，虽然不敢明目张胆地电令各地裁军，但是可以通过不拨发军费的方式逼迫各省军队自行瓦解。辛亥革命之后，曾积极参与革命的南方各省都不同程度地发生了财政危机，最终不得不响应袁世凯的号召，自行解散和裁遣军队。在黄兴的主持之下，江苏原有的5个军被裁减了2/3，仅剩不足4万人；广东裁掉11万人；湖南原有5个师和2个旅，被裁得只剩2个旅；而在首义的湖北省，原有的8个师也被裁掉了3个。

在这次大裁军中，江西的李烈钧是公开唱反调的，按北洋政府陆军部的要求，赣军定额是1师1旅，但在李烈钧的运作下，不仅没有裁减，反而通过整军扩编为2个师，由于李烈钧事事都与北洋唱反调，不仅扩军，还公开反对袁世凯提出的“军民分治”方案，搞得袁世凯十分恼火。而更让袁世凯愤怒的是，他发现自己完全奈何不得李烈钧：袁企图暗中策划江西兵变将其赶下台，结果被识破；为了削弱其实力，以中央政府的名义扣押江西采购的日本军火，结果又招来日本抗议，最后也只能不了了之；北洋政府以中央名义委派的江西民政长，也因江西军队的抵制而未能到任。昔日袁世凯在各种势力之间纵横捭阖以对抗来自清政府中央压力的伎俩，现在等他坐上中央宝座时，却被别人有样学样地拿来对付自己，这怎会不让他窝火？相比起来，北洋势力一时难以触及的福建、贵州和广西等偏远省份，只是象征性地裁去一些部队，这简直都不算什么事了。

背负中央之名的代价：有名无实的善后大借款

在1913年之前，袁世凯还勉强装扮出一个共和者的假象，只是在《临时约法》的限制下暗中加强自己的独裁统治，但是在1913年初的国会选举中，国民党大获全胜。宋教仁已经开始计划组织责任内阁行使权力。作为一个其实打心眼里无法理解共和、前半辈子都在封建权力斗争中讨生活的旧官僚，袁世凯是无法容忍任何人来跟自己分权的。要么用武力一决高下，要么就服从自己，这种权力斗争的想法在他脑海中根深蒂固。对他来说，内阁就应该只是北洋军阀的承办机构，根本不可能有什么实际用处。像宋教仁这样无兵无权，靠着耍耍嘴皮子、玩玩过家家似的选举，就立马一步登天地成为朝堂重臣，还要用内阁限制和分享他的权力？简直笑话！恐怕也正是在这个时候，他下定了决心，要以武力彻底让南方革命党人闭嘴。3月22日，宋教仁遇刺，全国舆论哗然。袁世凯在掩饰不成功之后，索性直接露出本来面目，叫嚣要用武力对付。只是这时北洋政府遇到了一个无法解决的难题，即整个中央财政早就已经崩溃，国库中早已没钱支持这次用兵了。

比起清政府，北洋政府控制的地盘已经缩小了近一大半，而他们需要养活的北洋军却只多不少。当袁世凯还只是一个地方性军阀时，他可以只管一亩三分地。但是当他成为中央政府的首脑，这副财政重担就压在了他头上，而他其实同样也没什么更好的解决方法，只能向五国银行团（英汇丰、法东方汇理、德德华、日横滨正金、俄华俄道胜银行）协商借款2500万英镑。

为了尽快讨伐反对派实现统一，袁世凯不得不吞下这颗毒药丸。善后大借款虽然数目很大，但是到手的钱却少得可怜。五国银行在扣除了正常的利息和发行折扣，还光明正大地扣除了此前西方国家给予中国的各项垫款和借款共计600万英镑，甚至就连以前各省单独向这五国银行所借的款项，以及辛亥革命时各国损失的款项，也都从这笔借款中扣除了。五国银行团的理由很充分：袁世凯的北洋政府不是代表中国的中央政府吗？那就要担负起中央政府的责任。

这个善后大借款，让背负中央名义却无中央实质的袁世凯付出了极大代价。首先是经济上的得不偿失，这笔借款实际到手只有40%，在清还外债、裁遣军队、整理盐务之后，也就可供北洋政府应付6个月的开支而已，而最后本息却要偿还6785万英镑。除了在经济上饮鸩止渴，更重要的是在大义名分上的损失：由于善后大借款的三项担保分别为中国盐务收入、关税中除应付款项之外的余款和直、鲁、豫、苏四省所指定的中央税款，使得列强势力得以染指中国经济重要命脉——盐税。因此，当条款披露之后，许多人不得不承认，就出卖国家权益而言，袁世凯的北洋政府其实和以前的清政府并无差别。

善后大借款很大程度上反映了袁氏北洋政府的一个问题，在和列强交往时，这些列强虽然支持袁世凯成为中国的首脑，但与之相对的，他们要求袁世凯为中国发生的一切负责——实际上袁根本做不到这点。南方一些桀骜不驯的省份，私自和列强勾结或者进行利益交换，袁氏北洋政府对此无能为力，却又要在名义上和行为上对此负责。这种有名无实的“哑巴亏”，极大损害了北洋政府的实力。因此，北洋政府才会打落牙和血吞，宁愿背上巨额债务也要先收拾那些不听话的省份，用武力实现全国统一。

镇压二次革命：袁氏北洋政府最后的辉煌

善后大借款和更早些时候的宋教仁遇刺案，已经使激进的革命党人认识到袁世凯的真面目，下定决心要以武力与之决裂。1913年4月到5月，孙中山在上海两次秘密召开军事会议，讨论用武力讨伐袁世凯的问题。根据这次会议的要求，革命党人在军事上做了相应的准备，安徽和江西的军队做了部署和调动。

也就在同时，袁世凯于4月30日和5月6日在中南海秘密召开军事会议，确定对革命党人用兵的总战略。重点目标为屡屡和北洋中央作对的江西、江苏、安徽和湖南四省。在北洋军的计划中，他们将利用自己控制的京汉和津浦铁路集结，在湖北建立总策源地，并调动海军沿岸策应，阻挠革命军集中。作为一个脆弱的中央，虽然北洋政府能力比清政府已经有明显的下降，但好歹还是胜于一盘散沙般的南方革命党人势力。即便是这个事事有人掣肘、样样有人不服的中央，还是能通过许多正面和侧面的手段占据一定的道德优势的，比如，在袁世凯表示此次作战并非针对国民党，而是仅仅讨伐不服从中央的黄兴、李烈钧之后，不少国民党议员甚至认同或者默许北洋政府的军事行动，其中最离谱的就是国民党北京支部部长吴景濂，居然公开登报声明开除黄兴、李烈钧的国民党党籍！

1913年6月，袁世凯正式以中央政府的名义下令撤免江西的李烈钧、广东的胡汉民和安徽的柏文蔚等人的都督职务。战争很快于7月12日在江西湖口打响，而李烈钧也于同日宣布江西独立，15日，黄兴和程德全在南京宣布江苏独立，随后安徽、广东、福建、湖南、四川等省也宣布独立。但是齐心协力的北洋政府很快就镇压了莫衷一是的革命势力，从7月12日在江西湖口开战到9月1日北洋军攻占南京，前后两个月，北洋军就大获全胜，达到了出兵的目的。在革命党人看来，这是武力倒袁的“二次革命”；而在北洋政府看来，这是统一政令、消灭割据的“赣宁之役”。而安徽和广东两省则发生兵变，驱逐了胡汉民、陈炯明和柏文蔚；其他各省也陆续宣布取消独立，服从中央政府。经此一役后，北洋政府终于控制了长江流域，在内地省份中，只有广西、贵州、云南和四川四省因为都督不是国民党系，且北洋政府急于消化已有成果，一直抽调不出兵力而暂且没有下手。

虽然北洋政府通过武力基本上消灭了反对势力，但是随着军事深入进行，下面的大小头目拥兵自重的倾向也隐隐显现出来。在战争中，袁世凯先后任命段芝贵为陆军第一军长兼江西宣抚使、张勋为江北镇抚使、冯国璋为江淮宣抚使，实际上授予了这些北洋大将地方军政大权。在战争后，为了酬功，也是为了弹压监视地方，这些北洋大将都纷纷在当地留任。

烈火烹油，内囊耗尽：走向巅峰的袁氏政权

在赣宁之役中大获全胜的袁世凯，此时已经成为名副其实的中国第一人。在心满意足地结束了军事行动之后，袁世凯将重点转向了政治。首先，他需要将自己的头衔“临时大总统”中的“临时”二字去掉，成为中华民国的正式大总统，获得大义名分；其次，由于《临时约法》还在法理上对他的权力有很大限制，他需要搞一套实至名归、授予他全权的新约；最后，顺带手地彻底消灭作为反对势力的国民党，搞一个对自己言听计从的政党上来。由于袁世凯已经完全压服反对势力，也迅速得到了西方列强的普遍承认，修改约法赋予他永久总统地位和全权，解散国会和取缔国民党也是毫无波澜地一一得以实现。然而在这种事业如烈火烹油，繁华景象的背后，却是危机四伏。为了应对这些潜在的威胁，袁世凯其实也是将内囊耗尽，能利用的资本全用上，方能勉强支撑而已。

袁世凯面临的最大问题就是麾下坐大。赣宁之役后，为了维护北洋系的统治，袁世凯不得不将诸多北洋大员，如冯国璋外放到原来北洋势力所不及的省份，以控制掌握新地盘。但这些大员到了地方之后，手头有权、有枪、有地盘，也就逐渐心眼活泛、不是那么听招呼了。袁世凯本想以战争结束地方藩镇割据局面，但是战后又不得不用北洋自己的藩镇去绥靖地方，一来一去，他限制了自己统治权威的提高。即便是北京，在他的眼皮子底下，

长期负责军队具体事务的二号人物段祺瑞也逐步形成了自己的势力，让袁世凯不得不有所防范。

为了重新控制自己手下的那些骄兵悍将，袁世凯进行了政府改组，设立了“陆海军大元帅统率办事处”作为全国最高军事机关，取代了陆军部和参谋本部。表面上袁世凯本人出任主管，段祺瑞（陆军总长）、刘冠雄（海军总长）、萨镇冰（海军司令）、陈宧（参谋次长）及王士珍和荫昌出任幕僚；实质上，剥夺了这些北洋大佬的军权。另外，为了培育新的嫡系，1914年10月，袁世凯在北京亲任第一期“模范团”团长，又开始重新编练军队，计划通过“模范团”每期培训两个师的军官，结业之后派往自己的嫡系部队任职，从而达到控制分布地方的北洋军的作用。已经贵为大总统的袁世凯不惜屈尊再为“冯妇”，时隔多年重操小站旧业，此事说来还真是凄凉：北洋军阀的总头目，已经快指挥不动自己的老队伍了，不得不采取“掺沙子”和培养新人的方法来维持自己的控制力。

称帝复辟：袁世凯倒行逆施

对于已经做到民国大总统的袁世凯来说，为什么非要称帝复辟，是个一直很让人费解的问题。但是对于袁世凯来说也自有苦衷。作为一个中央政府的首脑，袁对统一的尝试就是用嫡系的武力打服各省，然后在全国建立自己北洋集团的统治。但是当他真正打服全国之后，他又发现自己的北洋嫡系也在坐大，并不是那么可靠了。作为中央政府，自己终究缺乏清政府那种不容置疑的名义，所以对地方拥兵自重局面实在束手无措。作为一个旧官僚出身的人，袁世凯对民主政治完全没有认识，能设想的最好方案就是当皇帝，用封建君臣大义名分来约束地方上的野心家，使其不敢轻举妄动。由于这种思维模式的作祟，加上有些人，如大儿子袁克定、英国驻华公使朱尔典别有用心地怂恿，一向精明的袁世凯也开始头脑发热，积极准备称帝了。

在将国民党镇压下去之后，国内再无牵制袁世凯的势力存在；而1914年、1915年前后，北洋政府的财政也渐有起色，库存现洋700多万元；加上此时已经控制了除川、滇、黔、桂之外的大多数内地省份（四川随后也被北洋系控制）。政、财、军的实力足够充分，局面让袁世凯觉得似乎可以尝试一下。不过就在他开始密谋复辟之时，1915年6月，北洋系大将冯国璋进京晋见，问袁世凯："外间有传闻说你要当皇帝？"面对自己的心腹，袁世凯义正词严地加以否认，还假惺惺地对冯国璋说："华甫（冯国璋字），你我是自家人，我的心事不妨向你说明。我现在的地位已经和皇帝有何区别？……（称帝）无非为儿孙计耳！但我大儿有残疾，二儿想做名士，三儿不达时务……岂能托付天下之重？"

作为北洋系元老之一，冯国璋和段祺瑞一直隐隐有继承袁世凯的野心，此时冯向袁世凯问起称帝问题，自然也暗含深意。而袁世凯多少也明白手下这些心腹大将的算盘，明白自己尚能豢养这些鹰犬，但是他们不会服从自己的儿子，所以干脆就把话柄全堵死，姑且在眼下先打消他们的疑虑再说。只是不知后来袁世凯称帝之时，冯国璋又是作何感想了。

对于徐世昌、冯国璋、段祺瑞等北洋系大佬来说，他们是打心眼里不愿意袁世凯称帝的。这些已经拥有一定资历和权势的实力派，在现有国体之下，有望继袁世凯之后也过过总统瘾。可是一旦袁世凯称帝，他们就得在给老爷子打一辈子长工后，还得继续给他啥事儿不懂的儿子卖命，这是几位北洋大佬无论如何也接受不了的。真正对袁世凯称帝表现积极的，反而是一些北洋中层军人，如段芝贵、倪嗣冲这种已经获得一省地盘的人物。由于实力不足，他们从不妄想有机会问鼎宝座，因此退而求其次，希望保住自己手头的一亩三分地。他们认为共和或帝制都无所谓，而且一旦袁世凯登基，肯定还要依靠重用他们这批中层去稳定局势。因此，他们上蹿下跳，又是发起十四省将军联名通电（广东龙济光、湖北王占元、陕西陆建章、河南赵倜、山西阎锡山、云南唐继尧、浙江朱瑞、湖南汤芗铭、江西李纯、安徽倪嗣冲、山东靳云鹏、四川陈宧、吉林孟恩远、黑龙江朱庆澜）拥护袁世凯称帝，又是威胁恐吓，声称谁敢出来反对，他们就要“问其罪”。这批人的态度对南方残余的革命势力是一种威慑，更重要的是，袁世凯需要利用这帮人钳制和压服徐、段、冯等这些北洋大佬。

护国战争：袁氏北洋的末日

1915年12月12日，做足了民意闹剧的袁世凯，在仅仅辞让了一次之后，正式承认皇帝地位，称帝复辟。这种赤裸裸的倒行逆施，严重侮辱了辛亥革命，理所当然地激起了所有革命者的反抗和声讨。中华革命党、国民党、进步党和北洋系势力范围外的西南军人，虽各有诉求，但在反袁护国的旗帜下，还是站到了一起，公开和袁世凯决裂。12月25日，蔡锷将军在云南宣布独立，发动了著名的护国战争。此时，袁世凯还对帝制尚有信心，因为这时各地的北洋系军阀，还向他献忠心，四川陈宧、陕西陆建章以及段芝贵都表示，愿意率部出征，而这些将袁世凯置于炉火上的通电，更是让他觉得事情或尚有可为。

但这只是表面现象而已，袁世凯逆潮流而动的复辟行径，其实早就将他最后一点声望和权威折腾没了，人心民望离他而去。甚至就连他的家人，也对他的复辟举动深表反感。袁世凯称帝之后的这年除夕，在“太子”袁克定的主张下，家里搞了一个仪式，由家人向袁世凯磕头称贺，以示“君臣之分”，需要袁世凯的正室于夫人带领家人一起磕头。等把于老太太请到内宅，向她说明此事之后，哪知道老太太直接拒绝说：“教我领头磕头我不能磕，我给他生儿养女还要给他磕头，他养了多少小婆子又给谁磕过头。我活白了头发，又出皇上啦！”说完就拂袖而去，其他的家人也跟着一哄而散。称帝的画皮被老太太几句话给戳破，搞得袁世凯完全下不来台，最后只能不了了之。就连自己家关起门来都做不成皇帝，袁世凯还要强迫天下人对其俯首称臣，这又怎么可能！随着前线战事不利，袁世凯的处境也日渐艰难了起来。

袁世凯企图自立为帝的时候，对段祺瑞和冯国璋这种不热心的北洋大佬秘密设防，大加猜忌，不仅对在北京的段祺瑞秘密进行监视，还频繁调动军队，以防两人内外勾结。结果逼得段祺瑞在袁世凯称帝前后闭门谢客，不问外事。而当袁世凯称帝吃瘪后，不得不请段祺瑞出山收拾残局时，则立刻遭到了段的暗中拆台报复：他一方面授意讨伐滇军的心腹张敬尧停滞不前，另一方面唆使自己人陈树藩驱逐忠于袁世凯的将军陆建章，使袁世凯腹背受敌。而曾被袁世凯忽悠过的冯国璋，则在外勾结湖北的王占元和江西的李纯，共同对袁世凯施加压力。原本在打天下时还能团结一致对外的北洋系，等到天下打得差不多，大家各有一摊势力的时候，也开始在内部形成了一种派中有派、千奇百怪的局面。

在这种内外离心的情况下，袁世凯自然也没有办法在军事上取得进展了。当各地的实力派看到北洋军不能一举取胜时，心眼也开始活泛起来。广西的陆荣廷率先于1916年3月15日宣布独立，加入了护国军的阵营。此后不久，广东（4月6日）、浙江（4月12日）也宣布独立，洪宪复辟的失败已经是不可避免。冯国璋更是暗中活动，于5月18日召集了一些尚未独立的省份在南京召开大会。之后，5月22日和29日，最受袁世凯倚重信任的陈宧和汤芗铭，也分别宣布四川和湖南独立。受此重大打击后，仅仅十几天，袁世凯就于6月6日又羞又恼地病死。随着他的离世，北洋军阀这个强大的军事集团，也就从暗中斗争走向正式分裂，再也没有实力组织起能号令全国的政府了。

（文/李思达）

《临时约法》中的制度陷阱

1916年6月袁世凯去世后，继任总统黎元洪与国务总理段祺瑞之间就展开了“府院之争”。此外，国会也不甘寂寞，在议员们看来，行政、司法和立法三权之中，唯有国会是民选的，所以，他们权力应该最大。恢复国会不久，孙洪伊对美国公使芮恩施颇为自负地说：“国会不可能只限于进行它的主要工作，即完成宪法的制定，还必须控制国民政府。”

总统、总理、国会都认为按照《临时约法》自己应该拥有更大的权力。那么，我们就来回顾一下这部被孙中山视为“民国标志”——《临时约法》的诞生过程以及内容设置。

“吾人不能对于惟一置信推举之人，而复设防制之法度”

武昌起义后，为未来中国政治发展制定一套制度，并为临时政府、临时国会做准备的工作就已经展开。1911年11月11日，江苏都督程德全、浙江都督汤寿潜致电上海都督陈其美，提出“仿美制宪”的构想，两人还在通电后附有“集议方法”四条，建议“各省旧时咨议局”与“各省现时都督府”各派代表一人前往上海。如果有两省以上代表抵达，即可开议。续到者随时加入，随到随议。这就有点儿类似美国独立13州的“制宪会议”。通电赢得独立各省积极响应，山东、广东、福建、吉林、直隶等省都督府，或咨议局相继派代表前往上海，就未来中国的政治发展制定一套制度，并为临时政府、临时国会做准备。

11月15日，江苏都督府代表雷奋，沪军都督府代表袁希洛、俞寰澄、朱葆康，福建都督府代表林长民、潘祖彝等，在上海江苏教育总会举行会议，定名“各省都督府代表联合会”。28日，以湖北军政府坚请，各代表集体赶往武昌，每省留一人在沪以为联络。在武昌，各省都督府代表联合会经独立10省共22名都督府代表签字确认，制定了中华民国第一部宪法性文件——《中华民国临时政府组织大纲》。这个文件虽然还没有来得及对许多细节进行规范，但其立法方向比较明确，就是仿照美国总统制，将国家元首、政府行政首脑合一，各部部长对总统负责；总统对国民负责；议会与行政分离，各自独立行使职权。

1911年12月8日，各省都督府代表联合会成员前往南京，组织临时政府，选举临时大总统，正在此时，孙中山回国，成为出任临时政府总统的最佳人选。12月27日，南京的各省代表会派马君武、景耀月、王竹怀、王有兰等6人作为代表到上海欢迎孙中山，并与孙中山交换组织政府问题的意见。双方有以下一段对话（见王有兰：《辛亥建国回忆》）。

同人谓：代表团拟举先生为临时政府大元帅，先生之意如何？

先生答：要选举，就选举大总统，不必选举大元帅，因为大元帅的名称，在外国并非国家之元首。

同人谓：在代表会所议决的临时政府组织大纲，本规定选举临时大总统，但袁世凯的代表唐绍仪到汉口试探议和时，曾表示如南方能举袁为大总统，则袁亦可赞成共和，因此代表会又决议此职暂时留以有待。

先生答：那不要紧，只要袁真能拥护共和，我就让给他。不过，总统就是总统，临时字样，可以不要。

同人谓：这要发生修改组织大纲问题，俟回南京与代表会商量。

先生又谓：本月十三日（农历十一月）为阳历一月一日，如诸君举我为大总统，我就打算在那天就职，同时宣布中国改用阳历，是日为中华民国元旦，诸君以为如何？

孙中山自然是总统的最佳人选，但革命阵营内也不是没有争论。主要的反对者一个是主张“革命军起，革命党消”的章太炎，他不仅反对政党政治，还在不少场合倡言，如果一定要在同盟会内部选择一人出任临时政府大总统，那么，“以功则黄兴，以才则宋教仁，以德则汪精卫”。另一个反对的声音来自宋教仁，宋教仁是政党政治、责任内阁的积极倡导者，不过他并非各省都督府代表联合会成员。

就在孙中山回国的第二天晚上，同盟会要员在孙中山寓所会商组织政府方案。出席者有胡汉民、汪精卫、黄兴、陈其美、宋教仁、张静江、马君武、居正等人。此次会议理论上说无权讨论《临时政府组织大纲》的修改，不论同盟会在各省都督府代表联合会中占有多大比例，宋教仁都想借此机会提议民国政府应实行责任内阁制，其理由是："共和制本已超越了君主立宪制，如果实行总统制，连内阁制度也一并超越了。不顾国情，一味超越，欲速则不达，请诸君三思。内阁不善，可以更迭，总统不善，罢免则很困难，如必欲罢免，必然引起政治动荡，动摇国本。内阁制可以防范总统滥用权力，这是我之所以坚持内阁制而不取总统制的原因。"

在这次集会上，虽有部分声音支持宋教仁，但孙中山仍坚决主张总统制，他认为："内阁制乃平时不使元首当政治之冲，故以总理对国会负责，断非此非常时代所宜。吾人不能对于惟一置信推举之人，而复设防制之法度。余亦不肯徇诸人之意见，自居于神圣赘疣，以误革命之大计。"

宋教仁坚决支持内阁制，为此不惜与孙中山争吵，当时就有人认为他之所以主张责任内阁制，是因为自己欲望膨胀，要当总理，这当然是一种诛心之论。黄兴从大局考虑，力劝宋教仁放弃内阁制，并身体力行前往南京，向各省都督府代表联合会解释同盟会的方案，会商选举孙中山为大总统。这场总统制和内阁制的争论便告一段落。

有人将此次争论视作民国的第一次宪政危机，其实当时《临时政府组织大纲》已经颁布，总统制的构想也已经基本成形，岂能因宋等人的提议就轻易改变。据王世杰《比较宪法》记载：“当时政府尚要求修正组织大纲，添置国务总理，以宋教仁充任；参议院反对，其议遂寝。”

但是，形势的发展却改变了原来的立法方向。

“给孙悟空戴上金刚箍”

形势的发展就是南北和谈。南北和谈的一个重要的方案，就是由袁世凯设法逼清帝退位，然后南方承认袁世凯为中华民国临时大总统。由袁世凯出任中华民国临时大总统的动议很早之前就由黄兴等人提出来了。孙中山也认为，这时候如果能利用袁世凯的力量，就能以较小的代价解除共和制度面临的困境，实现南北统一。他说：“谓袁世凯不可信，诚然；但我因而利用之，使推翻二百六十余年贵族专制之满洲，则贤于用兵十万。”

虽然孙中山欲利用袁世凯，但若袁世凯背叛共和制度怎么办呢？在南北和议期间，孙就收到多件反映袁世凯一面托名和谈，一面发动进攻的电文，深刻领教了袁世凯的“两面派”。为此，他便将《临时约法》当作防范袁世凯独裁专制的“紧箍咒”。孙中山的秘书张竞生回忆，孙中山当时对他指示说：“我们对袁世凯，要讲究方法，把他紧紧套住。袁是大官僚，狡猾成性。从前他曾受清廷排斥，今虽重新掌权，但他骨子里是要推翻清朝的，这一点，和我们有共同的地方。至于他是否真心倒向民国，我是有怀疑的。对此，就必须认真研究，拿出办法来。我愿意让出总统，只要他能拥护民国。我是用总统的名义，来换取他接受革命的宗旨的。”说到这儿，孙中山遂以诙谐的口吻说，“这是给孙悟空戴上金刚箍，使他不能随便作怪。”孙中山以通电方式，公告五点，其中就包括，袁被举为临时总统后，“誓守参议院所定之宪法，乃能接受事权”。

但需要注意的是，这里的“参议院所定之宪法”并不是孙中山被选举为临时大总统时所依据的《中华民国临时政府组织大纲》，而是还没有制定完成的《中华民国临时约法》（以下简称《临时约法》）。

1911年12月31日，孙中山委派黄兴乘专列赶到南京，向代理参议院的“各省都督府代表联合会”提议修改《临时政府组织大纲》。代理参议院连夜议决通过云南、湖南、湖北三省代表吕志伊、宋教仁、居正联名提出的组织大纲修正案，其中包括三项条款：一是增加“临时副总统”；二是“临时大总统制定官制官规”；三是加入了宋教仁一贯坚持的责任内阁制条款：“国务各员执行政务，临时大总统发布法律及有关政务之命令，须副署之。”在参议院讨论临时约法时，一个湖南议员提出，袁世凯是不能让人放心的，“我们要防总统独裁，必须赶紧将约法完成，并且照法国宪章，规定责任内阁制。要他于就职之时，立誓遵守约法”。

这样，最后颁行的《临时约法》关于政体设计不再是《中华民国临时政府组织大纲》里的总统制，而是改弦易辙，成为一种介于总统制和内阁制之间的特殊体制。《临时约法》既规定了总统的各项实际权力，又极尽可能地赋予了参议院和国务院各种广泛的权力和实际的责任，以限制总统的权力。这种变化正如天津

《大公报》的社评所言："当南北政府过渡之际，南京参议院忽改美制为法制，原为束缚临时总统起见，质言之，实为束缚为临时总统之袁氏一人起见。"

《临时约法》的变化不仅体现为政体的变化，而且表现在内阁制的设计上，添加了诸多限制总统的特别条款，从法理上给人留下了非议的把柄。中国同盟会本部于1912年6月发布的通告也说："民国约法采法国制，参议院为最高之机关，而国务院为责任之主体。总统所发布之法律、命令，及一切公文，皆须国务院副署。总统虽有任免文武官吏之权，而主张此项权利，必待国务院之副署，始能发生效力。其实权握于国务员之手。盖总统之地位至巩固，至尊严，除非常事件外，对于参议院不负责任。惟国务员则常立于被指斥、弹劾之地位，约法既予以重大之责任，则其所以监督之者，不可不严也。"

就内阁制和总统制两种制度本身而言，很难说哪个更具优越性，但是革命党人这次的政体选择显然并非出于国情的考虑，而是为了如何才能限制袁世凯这个非革命党的临时大总统，也就是我们通常所说的"因人立法"。毕竟袁世凯的政治生涯中有许多做法都使革命党人不敢轻易相信他对共和的忠诚度。"他从小站练兵、戊戌政变，以至于今日南下作战与进行和议的过程，所有的行动，都是骑着两头马的行动。"（蔡寄鸥：《鄂州血史》）本着限制袁世凯权力这个前提，《临时约法》关于临时大总统权力的规定中，几乎每一项都有限制。"第三三条：临时大总统得制定官制、官规，但须提交参议院议决；第三四条：临时大总统，任免文武职员，但任命国务员，及外交大使、公使，须有参议院之同意；第三五条：临时大总统，经参议院之同意，得宣战、媾和，及缔结条约……”

在随后颁布的《国务院官制》中对临时大总统的职权行使也有类似的规定：“临时大总统公布法律，发布教令，及其他关于国务之文书，关系各部全体者，由国务员全体副署；其专属国务总理所管者，由国务总理副署。”

从法理上讲，也有学者认为，《临时约法》实际上仍为总统制。刘茂林教授在《中国宪法导论》一书中认为：内阁制或议会内阁制的主要特点是议会产生内阁，内阁对议会负连带责任。《临时约法》规定临时大总统任命国务员，国务总理及各部部长均为国务员，国务员辅佐临时大总统负其责任。因此，《临时约法》采用的仍然是总统制。所以要是《临时约法》被认真执行起来，国会、总理和总统之间的关系和权限很难界定，这也是“府院之争”发生的原因之一。

袁世凯宣誓谨守尚在路上的“宪法”

1912年3月8日，南京临时参议院以全体起立方式表决通过《临时约法》。3月10日下午3时，袁世凯在北京石大人胡同前清外务部公署宣誓就任南北统一之后的中华民国临时大总统。他在就职誓词里说：“发扬共和之精神，涤荡专制之瑕秽，谨守宪法，依国民之愿望，蕲达国家于安全强固之域，俾五大民族同臻乐利。”而此时，他所宣誓遵守的“宪法”还在制定的路上，直到

3月11日才颁布生效。

孙中山满怀信心，以为有了《临时约法》这道绳索，就可以约束住袁世凯，让国家走上共和的轨道。有学者认为，这是孙中山过于相信所谓的“制度神话”；还有学者从法律层面认为，孙中山越过副总统黎元洪荐举袁世凯继任临时大总统，从南京临时政府组织制度层面考察，孙中山推荐袁世凯在法理上已经违反了《中华民国临时政府组织大纲》第七条和《临时约法》第四十二条关于副总统之规定。1912年1月2日修正的《中华民国临时政府组织大纲》新增第七条：“临时副总统于大总统因故去职时，得升任之。如大总统有故不能视事时，得受大总统之委托，代行其职权。”虽然《临时约法》施行之日废止了《中华民国临时政府组织大纲》，但却继承了后者对临时副总统制度的规定。即使根据《临时约法》，孙中山无论怎样离职，临时大总统都应由临时副总统“升任或代行”，而非越过副总统举荐他人（孙林:《民国初年制度意识缺失条件下制度破坏路径分析》)。

既然开此先例，袁世凯当然也可以有样学样，将法律玩弄于股掌之间。但是，这或许高估了袁世凯，在孙中山所提三个条件中，袁世凯唯一没有提出异议的就是他还未读过一字的《临时约法》。袁世凯经历过旧官场的摸爬滚打，擅于玩弄权谋，缺乏现代法治观念，对于《临时约法》自然是抱着合则用、不合则弃的态度。至于总统制和内阁制的区别，他也没有兴趣去弄明白。就职时，曾任袁世凯贴身英文秘书的顾维钧回忆：“袁世凯不懂得共和国是个什么样子，也不知道共和国为什么一定比其他形式的政体优越。”

对没读过一字的《临时约法》未提任何异议，事实上也不是一个好兆头。历史学家李剑农就说："这种拘于一时环境的立法精神，是所谓'对人立法'的精神。对人立法，在理论上是不能赞许的，因为真正的大枭雄，不肯把法律放在眼里，徒使公正的政治家失去政治运用应有的活动（后来约法的屡遭破毁，半由于袁氏和北洋军阀的跋扈，亦半由于约法本身的不良）。但是当时的参议员，大都不明白这种道理，以为只要是黑字写在白纸上经过议会多数通过的法律便是神圣，可以压制一切恶魔，便如铁笼，可以防御一切猛兽。谁知后来的猛兽恶魔，仍只把它看作一些黑字写在白纸上，到了妨碍他们的行动的时候，一伸爪便把它撕破了。"

"于约法固俨然内阁制，于事实上实已总统制"

袁世凯就任临时大总统之后，面对唐绍仪内阁坚持约法行使内阁总理权力，他气愤地对唐绍仪说："我们是没有几天好做的，这个位置早晚要让给你们的。"还有一次，为了某件事两人又争吵起来，袁在盛怒之下竟脱口而出："我老了，少川你当总统吧！"按说，唐绍仪按法律行使自己的权力本无可厚非，可袁世凯就想不通，他认为唐绍仪是在"逼宫"，在这场"府院之争"中，挤走的当然是唐绍仪。唐绍仪之后，袁世凯又提名陆征祥重新组阁，在此后仅一年多的时间里，政府先后经历了赵秉钧、段祺瑞、熊希龄和孙宝琦内阁。"总理遂一任袁之指挥"，内阁"完全由袁世凯个人定夺。内阁实际上成了袁世凯的秘书院"。而"临时参议院政治嗅觉的迟钝客观上对于袁世凯政治实力的积聚起到了助长的作用”。所以，民国著名记者黄远庸评论说：“临时政府成立以来，于约法固俨然内阁制，于事实上实已总统制；于约法固主权在于参议院，于事实则政府实为所欲为。”

虽然如此，袁世凯已经感觉自己权力受到太多的束缚。而革命党这边，宋教仁也在积极改组国民党，为实现纯粹的政党内阁而努力。1913年2月，在第一届国会选举中，国民党大获全胜，获得参议院870个席位中的392个。踌躇满志的宋教仁草拟了《国民党之大政见》，俨然以内阁总理姿态出现。然而就在此时，宋教仁突然在上海火车站遇刺身亡，由此引发了政治上的一场地震。

“宋案”扑朔迷离，国民党内就如何解决这一问题产生分歧，黄兴等主张法律倒袁，在制度框架内用法律和平解决“宋案”；孙中山等主张武力讨袁，用战争解决。

有学者认为，孙中山等在法治途径并未走到尽头的情况下，就开始寻求武力解决，从而给了袁世凯与国民党决裂进而破坏《临时约法》的机会。“宋案”及随后的“二次革命”反映了当时主政的北洋军阀的制度意识的缺失，也反映了资产阶级革命派制度意识的淡薄。更严重的是，这一系列事件形成破坏民主共和制度的路径依赖。

法律完全成为被玩弄的工具

由军队起家的袁世凯本就迷信武力，镇压了“二次革命”后，他更是放开了手脚，屡屡操纵军警干涉行政、破坏立法、摧残民主共和，法律完全成为被袁世凯玩弄的工具。国会中的国民党议员也震慑于“二次革命”中袁世凯的军事实力，“虽心有未服，以势孤力微，无法与之对抗。又恐袁氏悍然不顾，采取断然处置，解散国会，遂亦表示赞同，冀以缓和空气，保全实力”，1913年9月5日，众议院以213票对126票的结果通过了“先举总统，后定宪法”的“先举总统案”。10月6日，按照《大总统选举法》的规定，开始进行总统选举。白蕉的《袁世凯和中华民国》一书中记载了当时国会选举总统的情形：“10月6日，由两院组织选举会，袁遣军人到会，强迫投票，议员咸不得自由，院外有袁氏左右所买嘱号称公民团者数百人，整齐严肃如军队，包围众议院数十匝，即日选出所属望之总统，否则选举人不能出议院一步。选举人不得不俯首听命，忍饿终日，以行选举，直到袁世凯当选之声传出，公民始高呼大总统万岁，振旅而返。”

继而，袁世凯又以“该国民党本部与该国民党国会议员潜相勾煽”为由解散国民党，并认为《临时约法》“限制过苛”，提出增修《临时约法》的要求，包括：“总统制定官制、官规，任免国务员、外交大使，以及一切文武职员，并宣战、媾和、缔约，不征参议院之同意”；“总统享有紧急命令权及财政紧急处分权。”

袁世凯的“增修约法案”提交宪法起草委员会之后，立刻遭到了拒绝。袁干脆宣布解散国会，成立新的立法机构“约法会议”，制定《中华民国约法》。在一片反对声中，《中华民国约法》在1914年5月1日颁布。“新约法”对原有的《临时约法》作了大幅度的修改，改原来的责任内阁制为总统制，并扩大了大总统的权力，在以往大总统需要国会同意或须由国务员副署才能行使的权力，现在可以不加任何限制地自由行使。

在《中华民国约法》公布的同时，袁世凯宣布废除1912年6月26日公布的《国务院官制》，按照“新约法”的精神建立新的体现总统制的政府架构。取消国务院和国务总理，另于总统府设置政事堂，设国务卿一人。

以前的国务院（或者内阁）对国会负责，国务总理统帅各部，但而今的总统政事堂设于大总统府之内，各种行事对大总统和国务卿负责，政事堂从本质上来说已经成为大总统的办公厅。大总统下达行政命令，政事堂各部门只负责执行，没有独立性，也没有丝毫的自主权力。1914年5月3日，袁世凯发布总统令：“凡关于呈请国务总理等字样，均应改为呈报大总统；关于各部总长会同国务总理呈请字样，均应改为由各部总长呈请；关于应以国务院令施行事件，均改为以大总统教令施行。”

人的权力欲望是无穷的，既然修改法律如同儿戏，那总统制当然也不能满足袁世凯的胃口，复辟帝制就是“水到渠成”的事情了。

虽然在民国的政治逻辑里面，法律、制度从来就不是起决定作用的因素，但《临时约法》中的制度陷阱对民国政治也起到了干扰作用。1916年6月袁世凯去世后，在总统、总理、国会三者的互撕中，双方都在尽可能地引用《临时约法》对己有利的一面，于是便不可避免地出现了“府院之争”。

（文/黄金生）

后袁世凯时代的二元格局

1916年，也就是所谓的民国五年，袁世凯在当了83天皇帝之后，最终在全国人民的压力下黄粱梦碎，不得不于3月23日这天正式宣布废止洪宪年号，取消帝制。即便是从1915年12月11日承认帝制算起，到1916年3月22日明令取消帝制，总共算起来也不过只有103天。

手握最精锐的北洋军、有着从列强处借来的金钱，甚至还有自己营造的舆论，一代枭雄袁世凯怎么也想不到，当他站在历史车轮面前，他拥有的这些看上去强大无比的力量，竟然在顷刻之间土崩瓦解，只留下他这个孤家寡人。遭受如此重大打击的袁世凯，又气又急，很快就在6月6日带着他的皇帝之梦和一生荣辱，永久地走入了历史，空留下了一个“窃国大盗”的骂名。

袁世凯死了，但民国还要继续走下去。然而对于民国前途命运将会如何，不同人有着不同的看法。天真而善良的人认为，复辟的罪魁祸首袁世凯一死，接下来就天下太平了，军队要解散，斗争不必继续，只要高喊拥护共和就可以“息战争，事建设”了。然而历史自有其运行规律，关于这点，反倒是一介文人蔡元培看得很清楚，他尖锐地指出：“袁氏之罪恶，非特个人之罪恶也，彼实代表吾国三种之旧社会：曰官僚、曰学究、曰方士。畏强抑弱，假公济私，口蜜腹剑，穷奢极欲，所以表官僚之黑暗也；天坛祀帝，小学读经，复冕旒之饰，行跪拜之仪，所以表学究之顽旧也；武庙宣誓，教会祈祷，相士贡谀，神方治疾，所以表方士之迂怪也。今袁氏去矣，而此三社会之流毒果随之以俱去乎？”

蔡元培指出的问题，实际上也就是袁世凯死后中国面临的现状：洪宪皇帝虽然败亡了，但是它所赖以生存的帝制基础还在；民国虽然恢复了，但是遗老遗少并没有减少；袁世凯虽然死了，但是作为一个集团的北洋军阀还盘踞在政坛之上。这种残酷的社会现实决定了，即便是袁世凯这个独夫死去，中国也绝不会就此走上康庄大道。事实上，在袁世凯离世后，北洋集团迅速分化，变成了诸多利益集团，它们为了一己私利，或在北京争夺中央政权的名义，或在地方上行割据之实，加上各种抱有自己政治意图的团体在其中搅和，闹得乌烟瘴气。民国也正是在这种混乱的泥潭中踉踉跄跄前行，不断上演着一幕幕的闹剧……

众望所归的北洋继承者

袁世凯离世后，按照法理，副总统黎元洪理所当然地继任总统。而袁世凯任命的最后国务卿、北洋重臣之一的段祺瑞转为国务总理，在幕后掌握北京政权，成为稳定北京政局的关键人物，也在实际上成为北洋集团的继承者。

为什么是段祺瑞成为袁世凯的继承人而不是其他北洋大将，比如同是“北洋三杰”的冯国璋？实际上，不仅是冯国璋，许多袁氏手下的北洋大将，甚至就连盘踞在徐州的那个“复辟狂人”张勋都未尝没有过“问鼎”北京之心。在袁世凯病入膏肓之时，时任江苏将军的冯国璋就频频发出通电，大肆发表自己对时局的主张。到了离袁氏病亡仅几周的5月18日，他更是召集当时尚未宣布独立的各省代表23人齐聚南京，表面宣称是要如何维护袁世凯的总统地位问题，但真实意图无非就是想将那些在护国战争中观望的省份笼络到自己手下，形成自己的势力，以便在时局动荡的时候能够攫取更高的地位而已。而以长江巡阅使名义占据徐州的张勋则更为可笑，他自认为资格不在段、冯之下，觉得自己手中2万“辫子军”的本钱似乎也可以一搏。在袁世凯死后第三天，即6月9日也召开了所谓的“第一次徐州会议”，将参加南京会议的各省代表邀请到徐州，“外表以固结团体，拱卫中央为辞，实则组织北洋各省军事攻守同盟，用以对抗西南护国军，挟制北京政府，保全个人权力地位”。正是趁着这种混乱的形势，原本在北洋系统中算不上一流角色的张勋，居然为自己搞来一个“北洋各路诸侯大盟主”的头衔。

不过，这些小打小闹从未真正威胁到段祺瑞的地位。首先，段祺瑞在北洋中的资历极深、地位极高。从袁世凯小站练兵草创北洋系开始，段祺瑞就已经追随袁世凯，成为北洋干将。无论是学历、从军履历还是带兵经验，在北洋中他都从不做第二人选：在李鸿章的天津武备学堂毕业，去过德国深造；回到北洋当过新建陆军炮队统带；做过军政司参谋处总办、练兵处军令正使；带过第3、第6、第7镇（统制），到武昌起义的时候，已经做到了署理湖广总督。更重要的是，由于段祺瑞长期主办各种北洋系的军事学堂，使得其在北洋系的将官中培养出一股势力，就连袁世凯本人也意识到，“现在陆军营队，所用得力学生，亦半皆受其（段祺瑞）陶熔”。正是这种盘根错节的上下级和师生关系，使得段祺瑞隐隐在北洋内部已经培育出一个自己的势力集团，也就是后来的皖系军阀。

如果单就北洋内部的实力和地位而言，远在南京的冯国璋的确也有和段祺瑞掰掰腕子的本钱。但就声望而言，冯国璋已然比段祺瑞差了不少，当时就有不少人评价冯国璋是“首鼠依违，惟好财货，非复赳赳本色”，甚至北洋同侪也有不少人看不上他这些行为。如果说这还只是人品小节问题的话，那在袁世凯帝制失败和猝然离世的关键时刻，冯国璋身处千里之外的南京，对北京政局的风云变化鞭长莫及，就成为让他无法越过段祺瑞而问鼎的致命伤。当袁世凯帝制失败之际，京城人心惶惶，到处流传帝制派人物要“孤注一掷，牺牲国家”的谣言，等袁世凯死后，北京顿时陷入一片混乱：“官吏之私行逃走者，项背相望……商民疑有作乱，于是争先闭门。丹桂、吉祥等戏团，顿亦将戏止住。于是秩序大乱……”(《申报》1916年6月10日）大批京城人士乘火车逃至天津租界，甚至临时加车都不够用，就连当时的中国银行和交通银行，都将自己的存款转移到东交民巷之内以防万一，一时间大有山雨欲来之势。而段祺瑞坐镇北京，一边组织军警，维护秩序；一边协调各方，稳定人心，特别是6月8日，他在外交部会晤各国公使团，取得了列强的承认——“京师治安既由总理负责，本使等极为满意，并愿一致赞助”，极大地稳定了北京的人心和政局。

正是由于身处中枢的种种便利，加上原本在北洋中积攒的实力，使得段祺瑞在帝制取消到袁世凯死后的动荡日子里从容处置，获得了极高的声誉，一时间可以说是四方点赞。孙中山发来电报盛赞段祺瑞，甚至不惜放低身段吹捧说：“民国元年，曾亲教诲，伟人丰采，至今不忘。……而今天下汹汹，扶危定倾，又惟执事（即段祺瑞）是赖。此文（孙中山自称）所以倾服不置也。”而梁启超摆出一副长者的姿态教训西南诸省的陆荣廷、李烈钧和蔡锷说：“收拾北方，惟段（祺瑞）是赖，南省似宜力予援助，毋令势孤……”此时的段祺瑞，俨然成为共和国安邦定国的大人物，北洋势力的继承人，也理所当然成为新政府不可能绕过的头面人物。

然而，即便是这样众望所归的段祺瑞，也有着自己的难言之隐，虽然在名义上继承了北洋首领的地位，但从未继承统帅北洋集团的实权。从他没能继承袁世凯的总统职位，只能以国务总理的身份实际操纵政府就可以看出，抛开其他因素不谈，段祺瑞多少对以冯国璋为代表的昔日北洋同侪还是有所忌惮的，不敢骤然凌驾于北洋诸将之上，只能依靠黎元洪和国会这个大牌子才能压服各方诸侯，而且还不得不给了冯国璋一个副总统的头衔。此外，虽然孙中山和梁启超都发来贺电，但有枪有地盘的南方独立各省，也不是无条件的支持，甚至在随后的新旧约法之争上大唱反调，逼得段不得不就范。此时的皖系北洋政府，宛如一辆毛病重重、随时都能散架的车，就在这样矛盾深重、相互拆台的情况下，艰难地上路了。

弱势总统：必备的摆设

虽然，段祺瑞毫无争议地成为继袁世凯之后北洋第一人，然而他终究没能直接继承袁世凯的总统之位，而是搬出了一直软禁在北京的民国首任副总统黎元洪，让其继任总统，自己则就任国务总理，在背后操纵实权。这当然不是因为段祺瑞以国事为重，甘心淡泊名利。事实上，袁世凯刚死，当时在京的一些军阀头目和军事代表就集体跑到国务院向段祺瑞劝进，希望他直接继承袁世凯，而不是让无兵无权的黎元洪捡了这个大便宜，要说段祺瑞没有动过继位的心思，那恐怕是不可能的。只是当时国内种种现实压力，迫使这位北洋的继承者不得不采取迂回战术，先把黎元洪送到了总统宝座之上。

段祺瑞首先需要解决的，就是如何绥靖南方反袁势力的问题。西南诸省在反袁起兵的时候，就已经公开宣布支持黎元洪继任总统，甚至将其作为南北议和的先决条件之一。此外，段祺瑞获得人望成为袁世凯之后北洋第一人，也正是因为他一直打着维护共和、反对帝制的旗号。那么，从维护共和的角度来说，他也必须维护民国建立以来的法统，换言之，必须支持在洪宪复辟中坚决不从的副总统黎元洪继任，这样才能以示他继承民国共和法统，进而建立自己的实际统治。实际上，段挟黎元洪以令诸侯这招不可谓不成功。南方反袁势力首先就对黎总统段总理这种二元体制表示了认可，孙中山公开宣布："黎氏以元年约法出任总统，乃当然之事，余甚表示同意。"在这个基础上，他才承认："段氏维持秩序，尤属有裨大局，厥功甚伟"，表示不支持调护国军入卫京师的主张。同时，对于北洋内部而言，由于段祺瑞并没有直接就任总统而是抬出了黎元洪，使得冯国璋这种大佬也无话可说，至少在表面上不至于公开反对，从而默认了黎段二元体制。

在黎段二人合作的初期，北京政府多少还是有点儿咸与维新的样子的。6月10日，还在新旧约法之争进行中，段祺瑞就宣布裁撤了袁世凯设立的陆海军大元帅统率办事处。随机又陆续裁撤了京畿军政执法处、参政院、肃政厅（这些原是袁世凯为了镇压或复辟设立的机构），废止了《颁爵条例》《惩办国贼条例》《附乱自首特赦令》《报刊条例》等一系列严刑峻法，宣布以前在袁世凯时代被查禁的报纸"准予解禁"，甚至有人提出，废止《报刊条例》之后，是不是采用以前的报律？结果被段祺瑞否定，宣称"报律系订自前清，尤不宜于共和国体，应暂持放任主义，俟将来查看情形再定办法"。在一面显示开明的同时，段祺瑞还一面积极和黎元洪示好合作，将自己拟定的内阁名单送给黎元洪审定用印，黎元洪为了争取南北和解，将其中的刘冠雄、章宗祥、曹汝霖和范源濂勾掉，换上了唐绍仪、孙洪伊、程璧光和张辉曾，结果段祺瑞也爽快答应，一时间，北京政府呈现出一副和衷共济、共体时艰的样子，颇让人觉得这个政府似乎大有可为。

然而这种和谐外表掩盖不住深刻的矛盾。归根结底，作为北洋系的直接继承人，长期接受袁世凯亲炙的段祺瑞本质上还是一个军阀，他并不是真心拥护共和制度，仅仅是想利用这个体制获得合法名义，建立以自己为首的皖系军阀独裁政权。对于他来说，《约法》也好，国会也好，甚至就连总统，都不过是他攫取政权的工具，只要他掌握稳定了北方局势，就会不可避免地走上袁世凯式的独裁统治老路。由于有着这个本质的矛盾，所以无论从什么角度来看，段祺瑞都不会甘心让黎元洪真正压在自己头上。

对于段祺瑞来说，黎元洪是一个不折不扣的后生小辈。当辛亥革命爆发时，黎元洪还仅仅是一名新军协统（相当于旅长），而段祺瑞已经做到了署理湖广总督，两者的地位相差十万八千里，只是后来因缘际会，黎元洪居然一路由副总统到总统，爬到了这位军界前辈的上头，这已经是一件挺尴尬的事情了。但更让段祺瑞这种军阀不服的，还在于黎元洪本身的软弱。这种软弱不仅在于他性格上的优柔寡断，承担不了大事，更在于他没有本钱。虽然贵为民国总统，但黎元洪没有一兵一卒，在手握枪杆子的北洋军阀眼中，他只是个凭借武昌首义名义混上总统宝座的傀儡摆设而已。对于这种弱势总统的状况，就连黎元洪本人也心知肚明，他曾吐槽自己在北京“别无依据，徒恃法律上名义建立于北洋之上”。可想而知，这种所谓的法律依据，对于段祺瑞这种跋扈的军阀来说，其实毫无威慑力可言。凭借着自己的实力，段祺瑞可以将名义上的总统制改为实践中的责任内阁制，将实权总理宝座牢牢掌握在手中，逼得黎元洪只能尽量结交国会和西南诸省，意图借助这些议员和地方实力派的同情与支持，来找寻自己存在的价值。

段祺瑞的国务院自恃有北洋作为后盾，加上日本的扶植与支持，根本不把黎元洪的总统府放在眼中；而总统府的黎元洪并不甘心成为“盖印机器”的傀儡，积极地以国会为依托，在美国势力的支持下和跋扈院方斗争。一方有实力，但在大义上未免有所欠缺；另一方虽弱，但却牢牢占住了名分，一时间势均力敌，倒也斗得不亦乐乎。但正所谓鹬蚌相争，渔翁得利，双方这种国体不明、职权不分的斗争越激烈，就越是给一些别有用心之人留下了可乘之机。从这个角度来看，段祺瑞和黎元洪从合作到决裂，最终展开互不相让的府院之争，又引发民国历史上第二场复辟闹剧——张勋复辟，似乎也只是这种矛盾的必然结果罢了。

蠢蠢欲动的地方群雄

在很长一段时间之内，孙中山和大多数国民党人，对段祺瑞是寄予厚望的。就在袁世凯死后的次日，孙中山就在上海发表了谈话，称：“对今日之时局，颇具乐观……若今后南北各执权者能一秉至公，尊重约法，拥护共和……则袁死而中国真可大治。”为了表示共谋大治的诚意，孙中山率先派出中华革命党人萧萱和叶夏声到北京与段祺瑞取得联系，商讨反袁战争的善后问题，甚至还主动提出，要收缩削减中华革命党的军队。6月10日和13日，孙中山先后电告朱执信、居正和黄兴，要他们“按兵勿动，候商黎大总统解决”，如果黎元洪能“复约法，召集国会”，那么中华革命党就应当“息纷争、事建设”。

对于孙中山这种多少有点儿不切实际的“自废武功”行为，

段祺瑞当然是大为欢迎，除了明面上的敷衍，还以黎元洪的名义给孙中山颁发了大勋位。但实际上，他早就迫不及待地着手调整地方军政长官，以军事实力为标准，企图稳住北洋系，瓦解西南护国阵营，以加强对地方的控制，实现北洋政权下的“统一”。就在孙中山强硬命令居正等人“各军如不依令解散，即脱离关系”的时候，段祺瑞发布命令，电令护国三军司令中的李烈钧“来京听候任用”，实际上就是将其革职，熊克武、方声涛等国民党的统兵大将也被其先后排挤，而北洋系的人马全部留任，几乎都是袁世凯在世时的原班人马，除了名称从带有帝制色彩的将军、巡按使改成了督军，其他都换汤不换药，反倒是参与讨袁独立的各省除了云南的唐继尧和贵州的刘显世，其他的督军、省长均被撤换。

不过，段祺瑞虽然能轻易糊弄孙中山，但这些手腕却在北洋老大哥冯国璋面前玩不转。虽然段通过种种手段控制了北京中央政府，但却无法像袁世凯那样完全控制北洋系军队，因为以冯国璋为首的江苏、湖北和江西三省直系军阀，不仅完全不听其号令，还仰仗着自己的实力和段祺瑞大唱反调：段祺瑞动辄以北洋正统自居，想用北洋系来压服全国，而自己通过把持北洋系从而成为天下共主，因此始终视南方诸省为眼中钉，恨不得除之而后快。而冯国璋就偏偏反其道而行之，在护国战争时期就和南方打得火热。在新旧约法之争中，他又旗帜鲜明地支持南方主张，通电要求恢复“旧约法”。当段祺瑞提出对帝制派不予追究的时候，又是冯国璋给段祺瑞去电，坚决要求惩办，否则“何以谢天下而服人心”。冯国璋这种事事亲南方革命势力、专门和段祺瑞唱反调的态度，很是迷惑了一些人，不少国民党人在段祺瑞处待不下去的时候，便跑到南京托庇于冯国璋羽翼之下，甚至有国民党人将冯视为反段的盟友。

冯国璋做出这种姿态，并不是因为他真的倾心于进步革命，而更多的是以此杯葛段祺瑞，毕竟，他也是北洋军阀的一员。事实上，自从袁世凯死后，徐世昌、冯国璋和段祺瑞等人无不想继承袁世凯的地位，甚至认为通过“复辟”来实现这一点也并无不可，就在袁氏灵榇运回彰德时，这些北洋头面人物借祭拜的名义，在徐世昌的主持下密议过此事。当时冯国璋就积极参与其中，之后还草拟过鼓动张勋复辟的密电，对张勋在徐州搞的一系列阴谋“尤深赞同”，其真实目的，就是想借着这个“北洋盟主”复辟的混乱之际，从中捞到机会，实现自己的北洋领袖之梦。

“内有各派政客之运筹，外有国际阴谋之牵线，中有各军阀之布局和投机”，正是在这种从中央到地方都动荡不堪、形势扑朔迷离、国家江河日下的背景之下，人们普遍对如此的民国政府产生了深重的失望感，颇有民国还不如大清、至少大清还有个统一政府的观感。因此，民国虽然走入了共和，但是帝制的阴魂却始终不散。不少人借口世道人心败坏，国家要亡，开出了一副尊孔读经，进而宣扬复辟理论的药方。比如曾在袁世凯图谋称帝之时，高唱“纲常名教，中国数千年相传之国粹，立国之大本。有之则人，无之则兽，崇之则治，蔑之则乱”的劳乃宣，此刻又宣扬只有以孔子为“教主”的孔教做“国魂”，才能“为天地立心，为生民立命，为往圣续绝学，为万世开太平”。而昔日维新派的康有为，也在鼓吹尊孔，倡言复辟。在他们活动之下，一度将宪法草案中列入以孔子之道为修身大事的提案。正是在这些颇具迷惑性的言论之下，复辟的舆论准备已经完成，所欠缺的就只有时局的突然变化，好让他们将其付诸实践。而在北洋政府的重重矛盾下，这种时局的变化，注定很快就会发生了。

（文/李思达）

北洋集团内部的派系斗争

徐树铮：府院之争的推手

1916年6月7日，就在袁世凯去世的第二天，黎元洪正式接任总统职位，成为中华民国第二任总统。虽然从法理上来说，副总统的黎元洪在总统死后自动继任是理所当然之事，但对于唯利是图的北洋军阀来说，法理根本不被他们放在眼里，他们只是为了安抚南方护国军，同时也为了避免北洋内部争执，才不得不妥协地推出这么一个人物来。当时在北京的段祺瑞就认为黎元洪老实，易于控制，而他的谋主徐树铮也认为，当今之计应该请"黎黄陂（黎元洪字黄陂）继任总统，以安民心，而后吾公（指段祺瑞）可以组织责任内阁"。

然而让段、徐两人没有想到的是，这个被他们认为老实的黎黄陂也有发威的时候。段祺瑞出任国务总理，拟定好阁员，打算任命自己最亲信的军师徐树铮为国务院秘书长，托总统府秘书长张国淦把名单交给了黎元洪。当张国淦都认为毫无问题时，黎元洪独独指着徐树铮的名字对他说："我不能与徐树铮共事。"然后又追加了一句说："不但不能共事，且怕见他。我见了他就犹如芒刺在背。"大吃一惊的张国淦连道："何至于此！"黎元洪便告诉张国淦，不久前冯国璋发起南京会议，徐树铮和林长民来要他署名回电，言辞之中盛气凌人、声色俱厉，让黎元洪完全接受不了。总之，对于徐树铮就任国务院秘书长的事情，他是“一万件事都可以依从段祺瑞，惟有这件办不到”。无奈之下张国淦只有找来北洋大佬徐世昌代为说项，结果徐世昌来了之后，先是告诉黎元洪，反正段祺瑞已经够跋扈了，多一个跋扈的徐树铮并不见得能坏到哪里去，然后又强调说，他倒是觉得黎元洪一万件都可以不依从段祺瑞，唯有任命徐树铮这件事情要听老段的。经过徐世昌的劝说，黎元洪总算勉强答应，但是坚决要求不能单独见徐树铮，“以后院秘书长因公到府，必须与府秘书长偕同来见”，这才算了却一桩事。

民国总统黎元洪害怕下属的国务院秘书长徐树铮到如芒在背的地步，在正常的国家中，这种事情说来近乎玩笑，但是在北洋政府却是真真切切的。这其中固然有黎元洪无兵无枪，只能被段祺瑞等人挟制的可怜之处，但徐树铮跋扈也是一件众人皆知之事。不过，张国淦和徐世昌更知道，段祺瑞和徐树铮关系密切，甚至到了其他事情老段都可以不管、唯有徐树铮的事情他一定要过问的地步，也才有劝黎元洪的那一番话。不出意料，由于徐树铮张狂傲慢的个性，在相当程度上激化了总统府和国务院之间的矛盾，最终让府院之争走向不可调和的境地，进而触发了张勋复辟事件。从这个意义上来讲，徐树铮作为段祺瑞的心腹谋主，大家口中的“小扇子军师”，的确也算是煽动府院之争的重要推手之一了。

因缘际会成为段祺瑞的手下

徐树铮，字又铮，曾自号则林——反过来就是林则徐。显然，他是以名臣林则徐自诩，从中也能看出，徐树铮是一个自视甚高的人。光绪六年（1880年）十月九日徐树铮出生于江苏徐州附近的萧县（现划归安徽），早年号铁珊。祖父徐兰，是一个普通的半耕半读的乡间书生；父亲徐忠清，直到40岁才考上秀才，平时以教书为生，并不是什么豪门大户。当徐树铮出生的时候，其父已经47岁，其母岳氏也有45岁，对于这个晚年得来的幼子，徐家自然是喜不自禁，全家呵护，或许也正因为如此，才养成了徐树铮锋芒毕露、容易得罪人的性格。

徐树铮自幼就天资聪慧，13岁考中秀才，和父亲熬到40岁才中秀才形成鲜明对比。不过，当时中国危若累卵的局势，已经容不得徐树铮继续走考取功名的传统读书人道路了，甲午和庚子年的战败赔款，极大地刺激了刚刚成年的徐树铮，让他坚定了投笔从戎之心。1901年，新婚不久的徐树铮听说袁世凯在山东编练新军，便千里迢迢从家乡赶到济南从军。据说，当时他写了一份洋洋万言的《国事条陈》，大谈特谈维新和练兵之道，虽然并没有超出李鸿章、张之洞这帮洋务派的“中学为体，西学为用”观点，但出自一个江苏乡下年轻人之手，也让袁世凯看得连连称许，并吩咐山东观察使朱钟琪接待。没想到朱钟琪和徐树铮一样，也是个睥睨一切、牛气冲天的人，两人凑到一块就抬杠，气得徐树铮只能拂袖而去。

不过，这只是徐树铮自己的说法而已，很难想象正二品的山东巡抚袁世凯会轻易接待徐树铮这样一个素无渊源、莫名其妙从乡下跑来的秀才，更谈不上什么看了条陈之后“壮之”，还让观察使一类的大官接待的事情。在其他人的记载中徐树铮就没有这么光鲜了，有说他就是因为年轻气盛，在投军时和接待的哨官吵了起来，一气之下扬长而去，只能流落济南街头靠卖字为生。不过，投袁未遂的徐树铮另有奇遇，遇见了他人生中的贵人段祺瑞。段、徐二人相遇也颇有戏剧性，段祺瑞曾在后来对旁人讲，1901年11月，他跑到旅店拜客，在路过厅堂的时候看见一名少年正在撰写楹联，一手字写得苍劲有力。当时已经是冬天，这位少年只穿着一件夹袍，甚是单薄，但器宇轩昂、毫无寒酸之气。好奇的段祺瑞就问这位少年为何流落至此，少年则答是投友不成，正在等候家里消息。段祺瑞就问他是否愿意出来做事，结果少年颇为傲气地回答，如果有值得做的事情，倒也不妨做做看。段祺瑞对这个回答颇感惊奇，就和他另约时间长谈。一谈之下，两人甚为契合。从此，这位名叫徐树铮的少年就成了段祺瑞的心腹军师。

才华出众的徐师爷

段祺瑞和徐树铮一见如故，到了后来更是亲密无间：徐树铮对段祺瑞忠心耿耿、不离不弃；而段祺瑞对徐树铮也是言听计从、信任有加。从关系来说，两人虽然只是主公和军师；但从感情上来看，两人几乎情同父子。段祺瑞无论到哪里，都要带着徐树铮，甚至将别人对徐树铮态度的好坏视为是否尊重自己的标准之一。张国淦在后来回忆段祺瑞和袁世凯最终决裂的细节中就曾提到，当时袁世凯取消帝制，恢复国务院，要段祺瑞出来收拾残局。段祺瑞就任后第一件事就是要任命徐树铮为秘书长，托王士珍和张国淦向袁世凯提，结果袁世凯死活不同意，最后说如果总理（段祺瑞）觉得徐某之才可用，不妨令其为陆军次长。张国淦将此话带回，还没有说完，段祺瑞就打断说："总是不答应耳！"随即将口中的香烟扔到桌上，向前猛推，声色俱厉地说："今日还是如此！"气得鼻子都向左歪斜。自此之后，原本还不为已甚的段祺瑞就决定和西南通电，同谋拆袁世凯的台。

为什么段祺瑞会如此宠信徐师爷（段部下对徐树铮的称呼)?最大的原因就在于徐树铮的确是才气过人，在皖系军阀中除了靳云鹏，大多对徐树铮很是佩服。曾任北洋第74旅旅长的陈调元某次到北京办事，在友人的宴会上遇到了徐树铮，两人介绍认识之后，徐树铮就告诉陈调元自己看过他的公文了，而且知道他要求补充的是多少支枪、多少发子弹、多少军饷。陈调元听后大吃一惊，觉得自己都没有徐树铮记得那样清楚，对其才能大为倾倒。不仅是陈调元，但凡接触过徐树铮的人都承认，此人才气过人不说，还是罕见的能做到五官并用而不混乱的奇人，能够一边会客，一边批公文，还一边拿着电话与人通话。而且徐树铮能过目不忘，各种公文和条例，只要段祺瑞随口问到，他都能对答如流，事后找出公文一看，往往一字不差。徐树铮既然有如此大才，也难怪段祺瑞会依仗其为自己半身一般。

除了这些秘书的才能，徐树铮在政治上的出谋划策也是段祺瑞最为看重的。作为一名单纯的职业军人，段祺瑞能在清末民初诡谲的政坛变换中立住脚，甚至组织起皖系军阀集团执掌中央政权，立下所谓的“三造共和”之功，若无徐树铮在背后的策划运作，那简直是不可想象的。早在辛亥革命之际，徐树铮就在政治上替段祺瑞出谋划策，当时袁世凯暗中授意段祺瑞，要他发动前线将领联名上奏，逼迫清帝退位。在其中居间联络，最后起草49名前线将领联名主张共和通电的，就是这位到处煽风点火的“小扇子军师”徐树铮。在通电中，徐树铮委婉而又得体地提出，清帝应该顺应民心军心退位，享受优待条件，由袁世凯出面组织共和政府，否则一意孤行，战至“决裂”后果不堪设想，必然“宗社随倾”。最终，这封前线将领联名、软中带硬的电报成为促使清廷决心退位的因素之一，也顺带成就了段祺瑞“一造共和”的英名。

袁世凯登上总统宝座之后，开始故意限制段祺瑞这种北洋大佬，以免尾大不掉。段祺瑞对此心知肚明，就干脆来个消极抵抗，将自己管辖的陆军部的所有事务都交给了徐树铮，由其代拆代行。一次袁世凯之子袁克定跟段祺瑞打招呼，要在陆军部安插个熟人，段祺瑞不好明着拒绝，就应承下来，结果公文到了部中，徐树铮拿起笔就批道“查本部已无空缺，批驳”，气得袁克定跑到袁世凯面前告状，说陆军部目中无人，让袁世凯大为不满，抱怨：“徐树铮太过狂妄，芝泉（段祺瑞）怎么会用这种人？”但这是不是段、徐两人的双簧，故意演给袁氏父子看，那就不得而知了。随着袁世凯称帝的图谋逐渐暴露，段祺瑞和徐树铮的抵制也越来越公开化，在徐树铮“称疾观变”的谋划下，段祺瑞以调养休息的名义避居西山，和袁世凯坚决拉开了距离，为的就是保持自己政治上的清白，等袁世凯迎来帝制必然失败时，就可以打着恢复共和的旗号善后，控制北京政府。甚至就连袁世凯也认为，如果没有徐树铮在段祺瑞背后煽风点火，以他和段祺瑞的关系，绝不至于闹到段如此坚决反对称帝的地步。只不过袁世凯没有想到，徐树铮在背后搞的阴谋诡计远比他想得多：袁的统率办事处天天催着曹锟、张敬尧进军讨伐护国军，而徐树铮就在背后联络，“暗嘱曹、张迁延不进”；袁任命支持帝制的陆建章为陕西将军，徐树铮就在后院点火，建议段祺瑞“嗾陈树藩逐陆建章”，宣布陕西独立。要不是段祺瑞背后的徐树铮四处串联、“扇小扇子”，袁世凯败亡恐怕也没有这么迅速，而段祺瑞也不会如此轻易地积攒人望，在袁之后众望所归地掌握北京政府，成为事实上的政府首脑。

府院之争的重要推手

正是由于徐树铮的策划，段祺瑞如愿以偿继承了袁世凯的地位，成为北洋名义上的带头大哥、北京政府的实际主持人。对于徐树铮这个立下赫赫功劳的军师，段自然是百般信任，甚至可以说是到了一种纵容和溺爱的地步。然而，也正是这种对徐树铮的近乎放任的重用，使得徐树铮性格中的缺陷毫无限制地发展，给段祺瑞和他的皖系军阀带来了原本不必要的麻烦，不仅制造了后患无穷的府院之争，甚至最终导致皖系黯然下台。徐树铮树敌过多，也是导致皖系众叛亲离的重要原因之一。

徐树铮性格刚强，段祺瑞曾经赞许他“性刚正、志忠纯、重职责、慎交游”，但从另一个角度来说，这些优点也可以看成徐树铮的缺点：“性刚正”的背后是刚愎跋扈；“志忠纯”的背后是谁的面子也不给的冷峻；“重职责”的背后是完全不肯通融；“慎交游”的背后是毫无社交圆滑性。这点在徐树铮当上国务院秘书长，和总统黎元洪打交道的过程中暴露无遗。他一到任，就替段祺瑞拟定了一个《国务院权限节略》，当头一句就声称：“现既采用责任内阁制，元首居于不负责任地位，国务院为凡百政令所从初，国务总理领袖阁员，负综揽政务、统一政策之责。”随后洋洋洒洒罗列章程，简而言之，就是徐树铮打着责任内阁制的旗号，将一切政务都收归到段祺瑞的国务院包办，让总统府不能插手任何行政事务，只是“大总统但受其成可也”。

除了在章程中视黎元洪的总统为无物，徐树铮在实践中做得更加过分。理论上，所有段祺瑞国务院公事，都应该由徐树铮这个秘书长去亲自呈送大总统，但徐树铮往往不去，而是让自己手下人去办，借此贬低黎元洪，使得黎元洪非常不快。但就算徐树铮亲自前来，情况也只有更糟，每次他进总统府，要不然就板着脸一言不发，要不然就出言不逊、公开顶撞。某次山西需要同时更换3名厅长，黎元洪就顺口问了徐树铮一句，任命的都是些什么人，结果徐树铮傲慢地抢白道：“总统只管在后页年月上盖印，何必管前面是什么事情呢？”气得黎元洪大骂：“现在哪里是责任内阁制，简直就是责任院秘书长制！”黎之洪表示从此再也不见徐树铮之面。结果，徐树铮更是借机干脆不向黎元洪汇报了。当时国务院决定派遣曹汝霖赴日赠勋，外交部早在1916年10月就告知日方，但作为总统的黎元洪居然对此毫不知情，直到11月，才对这个影响中日两国关系的大事有所耳闻。而此间国务院和当时驻日公使章宗祥反复磋商，前后长达月余，来往电报堆积如山，徐树铮居然全部压下，一点儿风声也没有透漏给黎元洪。

徐树铮的张狂行为，当然引起了黎元洪的府方反弹,兔子急了还咬人呢。为了对付院方，黎元洪找来了丁世峄任总统府秘书长、孙洪伊任内务总长，展开了自己对段祺瑞和徐树铮的反击。特别是孙洪伊，他本质上和徐树铮都是那种颇为自负、不肯让步之人。因此“孙挟黎自重，徐依段以为抵制，几乎无事无时不冲突，短兵相接，日在火并之中”(张国淦:《北洋军阀史料选辑上·中华民国内阁篇》)。梁士诒的友人也写信给他描述道，孙洪伊和徐树铮两人“皆负起不下，每于大庭广众之中，互相丑诋”。两人先后在多个问题上交手，结果一向狂傲的徐树铮在弹劾胡瑞霖（福建省省长）的问题上吃了个大亏，被孙洪伊抓住痛脚搞得非常狼狈。段祺瑞一怒之下，强令徐树铮草拟免去孙洪伊内务总长之命，于10月17日让徐树铮送进总统府，要求盖印。黎元洪看到免职令后又惊又怒，当场质问徐树铮：“你们说的算话，我说的便不是话吗？”结果徐树铮先后三次前来，强迫催促黎元洪盖章，最后竟赤裸裸地威胁道：“总统不盖印，就不准伯兰

（孙洪伊字）出席国务会议。”黎元洪对此大怒，喝道：“你说的是什么话？”而徐树铮冷冷回答说：“这是总理说的。”为此事府院两方僵持良久，最后段祺瑞以辞职相威胁，叫嚣大家都辞职，让孙洪伊一个人去干，逼得北洋系大佬徐世昌入京调停，将孙洪伊和徐树铮都免职，方才告一段落。虽然府院之争因为孙、徐这两大推手被免职而看上去略有缓和，但绝不甘心的徐树铮实际上早就在联络张勋，计划利用张勋复辟来彻底解决黎元洪了。

阴谋者恒死于阴谋之下

徐树铮虽然被免职，但是他一点儿也没有停止在背后的阴谋策划。到了1917年3月14日对德断交，参战问题爆发后，府院之争再度趋于白热化。这位“小扇子军师”先是离开北京，到上海、南京、徐州等地串联煽动，暗中布置。然后由皖系干将倪嗣冲跳出来发起督军团，徐树铮任秘书长，纠集了北洋十几省督军，鼓动他们赞成参战，向黎元洪和国会施加压力。黎元洪在忍无可忍之后，毅然宣布免去段祺瑞国务总理的职务，双方彻底闹翻。徐树铮则跟着段祺瑞赴天津，组织煽动各省督军公然宣布独立，给予黎元洪更大的压力。最终，走投无路的黎元洪居然想出邀请张勋入京调停的败招，张勋来了之后搞出复辟闹剧。而暗中唆使鼓动张勋复辟的徐树铮则翻云覆雨，先是让张勋放手去做，假张勋之后驱黎，然后以拥护共和之名将张勋打倒，将张和黎一起摆了一道，最后成就了段祺瑞所谓的“三造共和”之功。

尽管徐树铮在府院之争和张勋复辟事件上算得精明，处处高人一招。但在民初的这种乱世，这种锋芒毕露的性格，四处得罪人的跋扈，毕竟还是给他带来了极大隐患，使他不得善终。在段氏和皖系得势的时候，别人冲着段祺瑞的面子只能忍气吞声，等到时过境迁，难免不会迁怒于徐树铮。而且徐树铮此人虽然于政治阴谋策划在行，但是真正和人面对面打交道、搞政治，却又尽是破绽。1918年1月，徐树铮得知段祺瑞订购的一批日本军械抵达秦皇岛，但是当时的总统冯国璋有意将这批军械交给直系军阀。徐就联合张作霖将这批军火劫走，3/4归奉系，1/4归徐树铮，借以换取奉系军队入关支持皖系。一口气劫走快枪3万支，子弹60万发，机关枪50挺。冯国璋听说之后，极为震惊，甚至一度精神恍惚。对于徐树铮擅自做出劫械之举，连段祺瑞私下也大为不满，指责徐树铮让枪械陈旧的奉军得到这批军火是“教猴子上树”，结果徐树铮反顶回来说：“教奉系的猴子上树，可能是我做的，但请问又是谁教长江三督（直系）上树的呢？”噎得段祺瑞说不出话来。但徐树铮这样不惜顶撞段也要搞来的外援，两者关系却被他维护得一塌糊涂。奉军入关后不久，徐、张二人就为军费和新编的6个旅的归属问题起了冲突。在一次宴会上，徐树铮借着酒意，居然对张作霖直接说：“大哥你现在既有地盘，又有兵力，但是你不要逞强，我现在兵力单薄，不能征服你；我如果实在不行，将来总有一天带着日本兵打你。”一时满座失色，结果还是张作霖冷静地说：“老弟何至于此，我的兵不就是你的兵吗？干杯，干杯！”这才应付过去。徐树铮在为人处世上毫无城府，由此也可见一斑。

最终给徐树铮带来杀身之祸的，还是由于他跋扈专横的性格。1918年2月冯玉祥在入湖南援助皖系军阀部队时，在武穴通电宣布罢战议和，使其他皖系部队也相继观望不前，段祺瑞武力统一的计划再度宣告破灭，最终不得不联合奉军，让奉军入关。对冯玉祥的行动，徐树铮大为愤怒，认定北洋元老陆建章是背后主谋，施展阴谋诡计将陆建章骗到天津，未经审判即悍然枪毙。此事震动了整个北洋系，特别是曹锟对徐树铮在自己管辖的地区，肆无忌惮地杀害北洋元老极为愤慨，就连冯国璋也愤愤指责："徐树铮这么胡闹，难道芝泉就一点都不管吗？"

1925年，就在风雨欲来的北伐前夕，跟随在已经失势的段祺瑞后面的徐树铮依然不死心，四处串联直、奉、皖系军阀，意图再度聚合北洋对抗南方革命军。12月29日，徐树铮乘车南返，在廊坊车站被冯玉祥部逮捕，押解到廊坊西南一个小学校中匆匆审理之后立即枪毙。事后还掩人耳目地让陆建章的儿子陆承武以为父报仇的名义发表通电。冯玉祥还给段祺瑞打电报称，徐上将有功国家，不幸被匪人劫害，请政府予以褒恤云云。段祺瑞知道徐树铮被害之后立刻气晕在地，被左右救醒之后，又顿足大哭，再次哭到气绝，如此反复竟有三四次之多。四个月后，心如死灰的段祺瑞通电下野，搭乘火车离京赴天津。车开出一个小时之后，段祺瑞走入车厅，问车过廊坊要停留多久？又问又铮（徐树铮）遇难是否就在车站？等到车过廊坊时，段祺瑞开窗西望十来分钟，口中念念有词，随即老泪纵横，掩面进入卧厢。一代枭雄的段祺瑞和他最知心的心腹徐树铮，就以这样阴阳两隔的方式，双双成为过往的历史。

（文/李思达）

总统、总理的参战之争

1914年“一战”爆发之初，北洋政府为免战火波及中国，宣布“局外中立”，但加入协约国一方的日本，还是发动了对胶州湾德军的进攻，中国再难置身事外。针对中国要不要对德绝交、宣战的问题，朝野上下展开了一场大争论。当时在北京主政的黎元洪、段祺瑞意见相左，无法协同一致，以至于久久未能确定对德方略。

这场争论是袁世凯死后，黎、段“府院之争”的延续，他们一方面想为中国做一个最有利的选择，另一方面又放不下眼前的政争，终于招来一场复辟大祸。

勉强通过的对德绝交案

早在1914年8月袁世凯发布大总统令，申明中国对欧战“严守中立”时，已有人预见，对德参战，才是中国的最优选择。袁世凯的亲信幕僚梁士诒即建议，为防止日本借和青岛德军交战之机，侵略中国，应抢先从德国手中收回胶州湾，“青岛若下，日本又以何说进兵！此不特防日本之侵略，且以杜将来之后患”。梁士诒还认为，同盟国一方胜算很小，中国“不妨明白对德绝交宣战”，在未来和会上争取一个有利地位。

不久，日本果然对德开战，占领青岛，中国中立地位刚一建立，就名存实亡。但一直到1917年1月，德国开启“无限制潜艇战”，宣布将击沉一切开往英国的船只，招致美国断交时，要不要对德开战，才真正成为中国朝野共同关注的问题。美国发出通知，希望其他中立各国，采取一致立场。英、法、意等国也相继劝中国对德绝交。

在大多数人看来，随着美国参战，协约国一方已立于不败之地，中国在对德问题上无须再做犹豫。他们相信，通过参战，能获得包括永远撤销德、奥庚子赔款，提高进口税，解除中国在天津周围驻军限制等一系列有利于中国的条件。同时，中国只要向盟友提供一些原料和劳工即可。于是国务总理段祺瑞召开内阁会议，起草了一个《加入协约国条件节略》，上呈大总统黎元洪。这一天是1917年3月3日，也是黎、段矛盾全面激化的开始。

黎元洪对绝交、参战，其实并不完全反对，只是有两个担心，一是日本在协约国之列，中国若参战，很可能会倒向日本，丧失更多国权，沦为下一个朝鲜；二是不想把参战大功让给段祺瑞，换言之，中国可以对德绝交、宣战，但不能由段祺瑞内阁来完成。

因此，当段祺瑞带着阁员，要求黎元洪同意对德绝交时，他表示，如此重大问题，“非先得国会同意不可”，给段制造障碍。段祺瑞当场“怼”了回去：“宣战媾和，国会议之。今则先与与国政府通意见耳。果宣战者，自当交议。”黎元洪回敬说：“此宣战之先声也。宣战媾和，为大总统之特权。”段祺瑞盛怒之下，以辞职相威胁：“约法为责任内阁制，大总统既操特权，不以祺瑞为能负荷者，祺瑞惟有辞职，不敢肩此重任。”黎元洪不甘示弱：“宣战时只有大元帅令耳，无所谓责任内阁也。”这时段祺瑞早已从总统府甩手而出。

段祺瑞回去后，果然宣布辞职，前往天津。黎元洪曾想请徐世昌或王士珍出来组阁，这两人都出身北洋系统，当然不会出来拆段的台。无奈之下，黎元洪只好请来京办事的副总统冯国璋当“和事佬”，到天津找回段祺瑞，结束无政府状态。冯临行前，让黎答应，未来“内阁确定的外交方针，总统不再加以反对；内阁拟定的命令，总统不得拒绝盖印；内阁训示各驻外使节、督军、省长，总统不得干预”。总统府全面让步，段祺瑞欣然返京复职。

下面的事情就很顺利了，对德绝交案经大总统盖印后，提交国会，众议院、参议院都高票通过。北洋政府随即宣布和德国断绝邦交，召回了驻德公使颜惠庆。在向各省督军说明情况的电报中，北京方面明言，“现德国已处困境……协约国方面愿意考虑中国增收关税展缓赔款的要求，这既可调剂财用，又以维护主权，实为中国之利”，让他们理解。

两种对德政策的全面冲突

按理说，在对德绝交后，紧接着就应宣战，成为协约国一员，才有可能在战后凭着战胜国的地位，收回那些预想中的国权。段祺瑞参战政策最坚定的支持者是掌控国内舆论，及国会"研究系"的梁启超。在他看来，当年加富尔领导下的意大利，1855年通过参加英法对沙俄的克里米亚战争，在战后巴黎会议上实现国际地位的提升。中国如果投身欧战，同样能复制意大利经验，在未来的和会上，"为我中华民国国际上开一新纪元"。

反对参战的阵营，还是以总统府为首。日本《朝日新闻》有文章分析黎元洪持此立场的原因，"（一）加入协商国后，协商国未必实行其所定之加入条件。（二）对于段总理之政策始终持反对态度。以上二理由，前者为昧于世界大势所致，俟有所悉，不难即时冰释。后者则属于感情的关系，一时不易融洽"。民国著名记者陶菊隐，也说黎元洪"在历史上也许不失为好好先生，以国家安危所系的一件大问题，受着私人意气的支配，实在太儿戏国事了"。由是道出黎、段矛盾，才是问题核心。

其次，各省督军大都反对参战，他们起初以为，加入协约国后，一则"势必抛弃其养尊处优的生活，投入枪林弹雨之场，地盘不可保而生命亦在不可知之数"；二则需要派兵到欧洲打仗，导致自身实力的削弱。时任长江巡阅使的张勋即看好德国，致电国务院，"德国兵力尚强，胜负尚难预决。万一联军赢胜，我将何以自处"。即便中国如愿参加和会，他也不相信能获得什么好处，"以空言而获实利，虽在强国犹有未能，矧以积弱之如我国者乎？"安徽军阀倪嗣冲更声称，参战就要"惹祸上身，导致亡国"，攻击梁启超是"亡国文妖"。

最让人意外的是，一向和总统府作对的徐树铮，这一次竟站在了黎元洪一边，反对向德国宣战。徐崇拜德国，在他看来，德意志“民族优秀，科学进步，无战败之理”，几次上书段祺瑞，主张保持中立。有一次，段气得当面把他的上书摔在了地上。

在反对参战问题上最为坚决的，要数以孙中山为首的革命党人。孙中山致电参、众两院，批驳段祺瑞、梁启超的观点，认为“一国之地位能否上进，须视自力”，想通过参战“一跃成为头号强国，外交从此顺利”，完全不切实际。他担心日本会借机控制中国，自己要用“十二分力量，来反对日本把中国放在日本保护底下来参战的新计划”。外交之外，孙中山还从内政方面，提出两点反对理由，一是中国人向来有“排外”传统，一旦对德宣战，很可能重演义和团滥杀外国人的历史；二是中国加入协约国，和身处同盟国的土耳其为敌后，也许会招致国内“回教徒之离叛”。革命党此种立场，很大程度上也是由“反段”决定的。

国内黎元洪、孙中山这些政敌的反对，让段祺瑞内阁的参战政策万难推行。这时，共和国的法律、制度都成为段祺瑞的眼中钉。他要促使中国参战，首先想到的不是如何说服总统和国会，而是动用自己在军界的影响力，让督军们来恐吓国家元首。

段祺瑞联合北洋势力对抗总统府

段祺瑞利用自己身兼陆军总长的名义，召集北洋系势力，组织了一个所谓的“督军团”——直隶督军曹锟、福建督军李厚基、江西督军李纯、安徽省长倪嗣冲、山东督军张怀芝等20余省督军及代表，到北京参加“军事会议”。几次会议后，督军们终于知道，即使政府对德宣战，也无须他们出一兵一卒。倪嗣冲原本是反对参战的急先锋，这会儿摇身一变，改支持“中国应无条件加入论”、“加入愈速愈妙论”和“惟宣战始足以图存论”。

到了1917年4月29日最后一次会议上，段祺瑞准备好一张签名单，让与会督军及代表签字，宣示“赞成总理外交政策”。随后，倪嗣冲和李厚基、张怀芝等代表督军团，列席国务会议，宣称“地方老百姓都是赞成打德国的，若不尊重民意，怕闹出风潮来，咱们地方官不能负责”，阁员既怕段总理，更惧这些武夫，当即“统一思想”，一致同意参战。

紧接着李厚基带头直闯总统府，向黎元洪进谏。黎总统虽被称为“黎菩萨”，但终究是行伍出身，当场斥责：“参战问题本大总统自有权衡，岂容尔等饶舌！尔等职司守土，竟敢干预外交，擅与外交团交接，发表对外主张，试问民国之体统何在！”黎元洪大概觉得不解气，到了晚上又把倪嗣冲召到总统府，对其进行一阵有关“军人不得干政”的数落。

黎元洪没有在督军团压力下让步，皖系大将傅良佐建议“驱黎”：“非赶去黎元洪，毫无办法。”先后当过国务院和总统府秘书长的张国淦老成持重，当即劝阻：“这是非常举动，不敢与闻。但此案有正当手续可循，何以这路不走？”他说的“正当手续”，即通过国会，“约法上对外宣战，当交国会。可由国务会议议决，备文送府盖印。总统平时总说从多数，今提交国会，即是依法从多数，料想总统不致拒绝盖印”。其实，黎元洪接受《京报》采访时，确实说了这个意思：参战问题“当由中国国民决之，非可由中央政府当局或公私之顾问等决之也”。于是段总理和黎总统有了“默契”，都寄希望于国会支持自己的主张。

5月6日，段祺瑞带领阁员，请黎元洪在“对德参战提交国会案”上盖印，然后交参、众两院表决。黎元洪本就想让国会做段的“绊脚石”，这时当然同意，命唐姓监印官盖印。谁知唐竟说：“此案我不能盖印。”教育总长范源濂怒道：“尔何人？不配说不盖印！”说罢和段祺瑞一起推门而去。黎元洪不想因此闹僵，赶紧在参战案上盖了印，提交国会。

随后，黎元洪把曾任司法总长的张耀曾找到总统府，询问他：“国会通不过怎么办？他们能不能解散国会？”张耀曾回答：“纵令解散国会，也要召集新国会，再行提出宣战案，获得通过后方能执行。若照现行约法，政府无解散国会之权，解散便是违法，违法便是谋叛。”黎元洪仿佛吃了一颗定心丸，有点安慰性地自言自语：“对，谋叛便是造反！”事实上，无论是黎元洪，还是段祺瑞，都只是把法律作为一件武器而已，没有真的当回事。

国会中的大多数议员，原本对外交问题了解不多，经过几个月来的讨论，议员们逐渐理解有关参政问题的各项利弊。范源濂估计，参战案在国会通过的概率不小。但真的把决策权交给国会，是段祺瑞所不能允许的，他要的是稳操胜券，无法容忍不利于自己的表决结果。他想起了自己的老领导袁世凯，当年一面让各地通电拥护；一面收买“公民团”，包围国会现场，在选出他为正式总统前，所有议员不许吃饭，更不得离开会场。

段祺瑞、傅良佐有样学样，不仅让各地督军组织人发表通电，表态支持对德宣战，还在国会讨论参战案的时候，发动乞丐、游民冒充“陆海军代表请愿团”“五族代表请愿团”等“公民团”2000多人，从四面八方聚集到国会附近，向路过的议员手里塞请愿书和传单。邹鲁、田桐等10余名议员因拒绝接受，当场被痛打。“公民团”代表威胁众议院议长汤化龙，如果当天不能通过参战案，就要采取“激烈手段”。警察和宪兵配合“公民团”，一起将议员们围困起来。当天，有人亲眼见到国务院参议陈绍唐和陆军部咨议张尧卿，在人群中坐镇指挥。

会场内的议员们真的被激怒了，他们决定停止讨论参战案，直接打电话到国务院，质问段祺瑞能否维护北京治安。其实，议员们对这种阵仗早已见怪不怪：“民国二年十月六日选举总统时，我们已领教过了，现在是第二次，我们有了经验，就不怕什么了。”当天晚间，议员们迫使段祺瑞来到会场，驱散了“公民团”。此事经媒体报道后，全国舆论哗然，内阁里的总长们纷纷辞职，段祺瑞变身“光杆总理”，一场风潮再难避免。

黎元洪请来张勋撑腰

为顺利通过参战案，段祺瑞一方先祭出“督军团”，又派出“公民团”，结果适得其反，激起总统府、国会对国务院更大不满，愈加要和段祺瑞为难。众议院集体议决，“现内阁仅余段总理一人，不能行责任内阁之实，本院对于此种重大外交案件，应候内阁改组后再议”。督军们又分头以地方长官身份，请本省议员吃饭，让他们帮忙在国会疏通。结果除了梁启超领导的“研究系”，其他党团的议员全部不给面子，坚持先解决内阁问题，再谈参战案。督军团对这些书生再无办法，干脆祭出“撒手锏”，上书大总统，要求解散国会、改定《约法》。

事到如今，黎元洪也没有了让步的余地，宣称要用“不违法，不盖印，不怕死”九个字应对督军们的无理要求。他召见督军代表孟恩远、王占元等，向他们申明，按照约法，大总统无权解散国会，现在要打破僵局，唯一的办法，就是段祺瑞辞职走人。段祺瑞在督军团的支持下，着手补充阁员，他打定主意，赖在总理位置上，和总统府、国会斗争到底。黎元洪则在身边幕僚“倒段”的怂恿下，抢先发布命令——免去段祺瑞的国务总理职务。

这完全超出了段祺瑞的意料，他想不到，除了袁世凯，竟然还有人敢免他的职。段祺瑞当然不会求饶，看到命令后，便第二次出走天津。行前他发表通电：“查共和国责任内阁制，非经总理副署，不能发生效力。以上各件（指免去段职，任命他人代理等命令），未经段祺瑞副署，将来地方国家，因此发生何等影响，祺瑞概不负责。”段祺瑞这是宣布总统府对他的免职令无效，然后要在天津看热闹，看黎大总统怎么收拾北京的烂摊子。

至于黎元洪，他首先需要再找一个倾向北洋系的新总理，安抚那些聚集京师的“大帅”。徐世昌、王士珍依旧不肯出山，选来选去，选中了李经羲。这人是李鸿章的侄子，与脱胎于淮军的北洋系颇有渊源，更重要的是，李经羲一向同张勋保持着密切联系——张勋手握重兵，反对参战，且有“反段”倾向，黎元洪希望他来做自己对抗督军团的后盾。当时英国《泰晤士报》看破此点，报道说，“张勋将军：一名具有相当影响力的旧时代军官。他在徐州府率领着重要军队。据信，直至上周为止，他仍站在支持总统的一边”。

李经羲手中无拳无勇，也不敢一人进京，提出“必须张勋北来，方肯偕同到京就职”。事已至此，黎元洪骑虎难下，随即通电“安徽督军张勋功高位重，公诚体国，盼即来京共商国是”，张勋回电“拥护元首，力任调停”。由是，坐镇徐州的“张上将军”以“调人”的身份，名正言顺地率军进京了。

（文/杨津涛）

共和时代的帝制遗老——“辫帅”张勋

“夕阳映照古城，民房在燃烧，城内黑烟四起，火光冲天，到处是抢掠、强奸和屠杀的场面，凄惨的哭声响成一片。南京正成为现代史上一个惨绝人寰的屠宰场……”这样的惨景让人想到1937年冬季的南京，但《纽约时报》上登载的这段报道所记录的时间却是1911年11月10日。在报道中，制造这场屠杀的部队还被称为“清军”。三个月后，随着清朝覆灭，“清军”亦不复存在，也唯有这支部队的官兵会一直保留着象征这个王朝的辫子。军队首领张勋被称为“辫帅”，他和他的部队在共和时代也有了新的名称——辫子军。百年前（1917年）发生在北京的那场复辟闹剧让他们人尽皆知。

厄运中的幸运

张勋不是唯一图谋复辟者。清亡后相当长一段时间里，前清遗老遗少聚集青岛，勾结外国或制造舆论，企图复辟大清。这帮上蹿下跳的复辟分子大多是前清皇族，又称“宗社党”，但终究成不了气候。相比之下，真正把复辟这事落到实处的，竟是汉人张勋。张勋的经历颇有些“励志”，他一不是满洲亲贵，二不是包衣奴才，他的出身甚至没有捞到一点儿清王朝的体制红利。张勋也算是受帝制王朝压迫的劳苦大众中的一员，靠自身努力一路打拼，成为割据一方的枭雄，最终还以大清王朝的孝子贤孙形象传于世，着实令人惊奇。

张勋生于1854年12月14日，家乡在江西省奉新县冈咀乡（今赤田镇）赤田村。张勋是系字辈，在家谱上他的名字叫“张系瓒”，先后称“顺生者”“张和”，“勋”是后来改的名。张勋的祖父张大吉是个地道的农民，咸丰十一年（1861年）在太平天国之乱中丧生。他的父亲张衍任也是个地道的农民，家里八亩地，仅够温饱。张勋童年很不幸，8岁丧母，两年多后父亲也病死，不到12岁就父母双亡。家庭巨变使得刚上了两年私塾的张勋不得不辍学，回家帮着继母和哥哥干农活补贴家用。这两年的村私塾是张勋一生中仅有的正式求学经历。祸不单行，没过多久，张勋的继母温氏因日子艰苦难熬，加上张勋顽劣难教，生活看不到希望，自尽了。家里一连死了几口人后，张勋成了真正无依无靠的孤儿。这一年是同治六年（1867年），他才14岁。

孤儿张勋不得不自谋生路，四处游荡，或是帮人看牛放羊打短工，或是到亲戚家里混吃混喝，倒也勉强能生存。有次张勋在岗头村许姓老翰林家的水田里摸鱼，被许家一位姓熊的工头抓住。熊工头了解了这孩子的情况后，可怜他身世，便收留他到许老爷家干活。这次不经意的相遇彻底改变了张勋的命运。许家算得上是当地的名门望族，在这样的地方做事，张勋学到不少人生经验。到1869年，头脑机灵、做事麻利的张勋引起许家少爷许希甫的注意，许少爷决定让他当自己的书童，每日在家塾中伴读，许家的先生刘毓贤对张勋也十分关照。这段时间，张勋所受教育要远远高于他正式求学的那两年。几年后，张勋随许家少爷一起迁居南昌，这里将成为他戎马生涯的起点。

转眼到了光绪二年（1876年），张勋已长成23岁的青年，这些年里，他除了陪少爷读书，有空就练练拳脚。等到自己与13岁的曹琴定亲后，张勋觉得总寄人篱下不是办法，于是向刘毓贤和许家少爷提出想出去打拼、赚点积蓄好成家立业的想法。刘毓贤和许希甫很支持张勋，他们以大老爷许振祎的名义写了一封推荐信给南昌府台，介绍张勋去那里当一名旗牌兵。张勋虽不算是刘毓贤的正式门生，但毕竟相处十年，刘早已将他视为自己的学生，就在临行前，刘毓贤正式给这位非正式学生取了一个名字：张勋。

张勋逆袭记

初到南昌府衙当旗牌兵的张勋表现得中规中矩，一干就是三年。到光绪八年（1882年）冬，张勋终于用自己这几年存下来的积蓄迎娶了刚满16周岁的曹琴为妻，成家的小目标达到了，接下来就是立业。他又找到许希甫，表示自己不想做看家护院的旗牌兵，想到边疆正规部队中做事。许希甫一如既往地支持张勋，并以自己父亲许仙屏的名义给时任广西巡抚潘鼎新写了推荐信。

许少爷此举对张勋帮助很大，其实张勋未必不能自己从军，但多半要从小杂兵当起，就算在战争中活下来顶多发点横财，谈不上什么仕途。但有了许仙屏的推荐信，潘鼎新很给面子，张勋一到他麾下报到，潘就给张安排了一个百总的职务，算是基层军官。由此可见，许希甫真可算得上是张勋的贵人了。

光绪九年（1883年）十一月，中法战争爆发。1884年5月，潘鼎新奉命开赴广西前线，当时正在家乡给许仙屏祝寿的张勋也直接从家乡赶往广西归队，他临行前，许仙屏再次写信给潘鼎新，把张勋夸了一番，希望潘予以重用。不久后，广西提督苏元春部与潘部会合，投入抗法战场。1884年6月23日，法军突然到谅山附近的北黎（中方称为观音桥）地区“接防”，无理要求清军立即退回中国境内。中国驻军没有接到撤军命令，要求法军稍事等待，法军恃强前进，开枪打死清军代表，炮击清军阵地。清军被迫还击，激战两日，法军死伤近百人，这次被称为“北黎冲突”的战斗是张勋有案可查的首战。同年8月，张勋在船头之战中作战勇猛，表现出色，潘鼎新和苏元春联名向两广总督张之洞奏报，为张勋请功。张勋很快就接到“免补外把千总，先以守备尽先补用，加都司衔，赏戴花翎”的上谕，“免补”即不必候补，直接任用之意。

张勋从没有品级的中下级军官，一下晋升为正六品武官，作战更卖力了。光绪十一年（1885年）三月，张勋率部攻克越南文渊州谅山省长庆府及谅山府，一连串的军功也让他在加官晋爵的路上如火箭般飞升，他于当年3月先实授正四品武职“守备都司”，后又被苏元春任命为管带广武军右军各营，驻扎广西边防。

光绪十七年（1891年），38岁的张勋5年戍边期满，于当年再次升官，实授从三品武职“游击”，拥有候补正三品武职“参将”之资格，并获从二品“副将”之荣誉。光绪二十年（1894年），甲午战争爆发，张勋奉命率部进入东北奉天，一度加入驻扎当地的宋庆“毅军”，直到甲午战争结束后奉调回北京。但这次回京张勋终于遇到了挫折，因上级闹矛盾，牵连下级，张勋的部队遭到遣散，他本人也闲居天津。但也正因这次塞翁失马，张勋遇见了影响他后半生命运的贵人——袁世凯。

袁世凯对张勋作战的事迹素有耳闻，当时他在天津小站编练新军，恰逢张勋也闲居天津，于是便将其召入自己麾下，委任其为头等先行官，驻守天津。进入“北洋圈”，张勋又回到加官晋爵的快车道。1899年，在袁世凯帐下发展了3年的张勋已拥有一支精壮强悍的队伍，被朝廷命名为武卫右军。虽然从出身来看，张勋不是北洋系嫡系，但也正是因派系印记不明显，这个杂牌将领在圈内玩得如鱼得水，各方争相拉拢，就连大学士荣禄、北洋大臣裕禄也联名会奏，请朝廷给张勋升职。

庚子国难后，两宫由西安出发回京，当时随袁世凯驻守保定的张勋得知此消息后，奉命由保定飞驰磁州护驾。11月4日，张勋率部到洛关时，受到了慈禧太后与光绪皇帝的分别召见，这也是他首次与大清帝国权力顶峰的人近距离接触。据说在护驾途中，张勋放弃骑马，跟在慈禧太后轿后徒步前行，寸步不离，深得慈禧赏识。1902年，慈禧携光绪前往东陵拜谒，袁世凯推荐了张勋率部随行。当年8月，张勋被朝廷任命为四川建昌镇总兵，正二品，这也是清代汉人能获得的最高武职。

两年后，张勋因“剿贼有功”，被朝廷授予“巴图隆阿巴图鲁”的勇号。此后几年，张勋一会儿补授为云南提督，一会儿调补为甘肃提督，两宫暴亡后，率部护送慈禧灵柩前往东陵安葬的也是张勋，他已完全被清廷视为大清的忠臣良将。

宣统三年（1911年）七月，朝廷任命张勋为江南提督，统领江苏、安徽两省军队，下辖江防军共计18营。当张勋沉浸在一片皇恩浩荡的恩泽中时，武昌首义的枪声打响了。

血海金陵

武昌起义刚爆发，张勋就十分积极地向朝廷请缨，但未得批准。随着革命迅速蔓延，周边省份纷纷独立，唯南京仍被清廷牢牢控制，张勋很快就有了用武之地。当时驻防南京的部队有三股势力，一是江宁将军铁良的旗营，这支“贵族”部队长期养尊处优，吓唬百姓还行，打仗就战斗力全无了；二是由第九镇统制徐绍桢统率的两个协的新军，徐本人内心就倾向革命党，这支力量基本可以算作革命军的“带路党”；三是一支唯一有抵抗力量的部队就是张勋的十四营兵了。

1911年11月4日，心向革命的徐绍桢毅然率部起义，当晚即派一个混成协兵分三路至雨花台，包围张勋的江防军阵地。指挥江防军的是张勋麾下的名将张文生，作战经验丰富，在得知自己被包围后，并未盲动或贸然突围，而是聚集力量拒守等待援军，当起义军发起冲锋时，张文生迅速集结火炮轰击，给徐部造成惨重伤亡。徐绍桢首战受挫，被张勋部队一路追击，官兵折损大半，只好撤退到高资、龙潭一带休整，最后退至镇江。就在徐绍桢围攻雨花台之时，卫队营、巡防营也有数百人以白旗为号起事，对江防军张勋驻地发起进攻，但很快就被张勋镇压。经过一夜激战，起义以失败告终，来不及逃出南京城的革命者只好藏匿于城内。

为了肃清这些革命党，张勋表现出极其残暴的一面，他下令全城戒严，城门关闭，江防军挨户盘查，但凡形迹可疑之人，不问青红皂白，格杀勿论。被杀害的包括剪辫者、悬白旗者、携带白旗者、穿西装者。据《纽约时报》报道，张勋“发布的命令称，一旦发现身挂白条的人——这被指为革命军标志，一律格杀勿论。一位在上衣口袋里插白手帕的路人因此被处决。汉人穿白鞋是服丧的标志，其穿戴也在劫难逃。街巷内火光滔天，大屠杀的血腥和恐怖难以描述”。有记者目睹几位妇女被杀，她们的孩子也被清军劈死后踩在脚下。当时的学生中有很多剪掉发辫者，尽数被清军杀害，倒毙在街头的尸体数以千计，城内一片凄凉和沉寂。两百多年前，清军入关建政，颁剃发易服令，把江南江北屠得遍地猩红。如今这个王朝大厦将倾之际，它忠实的刽子手张勋举起屠刀，制造了江南最后一批因衣冠发型而惨遭屠杀的死难者。这篇报道的文末这样写道：“今晚，双手沾满鲜血的清军将20万南京居民的财产洗劫一空。从紫金山上望过去，可以看见通城大火照亮了天空。所有人都在焦虑地等待着明天的来临。”

南京屠城后不久，徐绍桢卷土重来，要找张勋报仇雪恨。如今的徐绍桢已得到光复军、镇江军等革命军支援，实力大增，其先锋黎天才于11月13日出击，将驻扎在乌龙山的一营江防军打得丢盔卸甲，张勋得知乌龙山被袭，立即调派3个营驰援，但为时已晚，乌龙山上早已插满革命军的旗帜，张部只好急转幕府山拒守，这一带成为双方激战的前线。

与此同时，徐绍桢亲自率领的精锐部队开始进攻明孝陵，此地是江防军的重要据点，由张勋的爱将王有宏镇守。这位王有宏和张勋很相似，都是大清朝的孝子贤孙，他是记名提督，曾被朝廷赏穿黄马褂，从此被其视为极大之荣幸，无论什么时候都要将红顶花翎和黄马褂穿戴整齐，从不离身。这种行头平时炫耀一下倒也无妨，但就连战时他也是顶戴花翎黄马褂便要命了，穿着“王者荣耀”的王有宏亲自跨上战马率部反击，结果成为革命军的活靶子，一排子弹迅速射向马背上的黄马褂，王有宏人仰马翻，当场毙命。王有宏被击毙后，其卫士拼死抢回遗体，发现此公身上竟被打了一百多个窟窿。主将阵亡，清军顿时作鸟兽散，明孝陵很快被革命军攻占。

张勋听闻爱将阵亡，竟痛哭不止，发誓要为王有宏复仇。然而清军大势已去，兵败如山倒，天保城也很快被革命军攻占，张勋再不走，别说报仇，恐怕自己也要变成第二个王有宏了。12月2日深夜，识时务的张勋带着从南京库府搬出的80万银圆，仓皇逃离南京，一路洗劫，沿津浦路北上直奔徐州。天明之后，革命联军分别由太平门、聚宝门、仪凤门、朝阳门入城。经历了屠城噩梦的南京百姓倾城而出，代表革命军的白色旗帜迎风招展，商家店铺也亮出“欢迎大汉同胞”的横幅，喜迎王师。

经南京一役，张勋的江防军伤亡惨重，残部不满千人。让他更受打击的是，仅在两个月后的1912年2月12日，清帝颁布退位诏书，大清亡了。

大帅的辫子

大清亡了，张勋如丧考妣。好在接过权力的人不是革命党，而是他们北洋圈的圈主袁世凯，这样一来，张勋自然就能稳坐徐州而不会被革命党当作刽子手清算了。南京之战，张勋的江防军虽然战败，但他撤退徐州却是因祸得福，因为他有了军阀最大的资本——地盘。

作为北洋系外围的张勋其实和袁世凯也不是一条心，张勋在徐州招兵买马发展自己的势力时，袁世凯表面支持鼓励，但暗中令安徽督军倪嗣冲将督军公署北移至蚌埠，目的就是牵制张勋。张勋对袁世凯也是两面三刀，据前清翰林院侍讲、后来成为张勋幕僚的商衍瀛回忆，在1912年底至1913年初，张勋甚至参与密谋讨袁的计划，这次行动主要是一批前清遗老以爱新觉罗·溥伟为核心，企图复辟清室的阴谋。他们约定于1913年初发布讨袁公告，后来因计划被袁世凯侦知，胎死腹中。袁世凯除了敲山震虎，也没有对张勋等采取措施，对于这个手里握着实际兵权的老怪物，袁还是有几分忌惮的。

张勋的部队最醒目的标志就是脑后拖着一条长辫子，时人称为“辫子军”。这样一支怪模怪样的军队，如何能在新生的民国中生存呢？关于民初剪辫，不少人有些误解，认为大清一亡，大家就马上剪掉长辫，换个朝代就是换个发型。实际情况并非如此，剪辫现象至少在晚清时就出现了。革命党人秦力山1900年就剪掉辫子，走南闯北也没有像以前那样被抓住杀头，唯是招来义和团的偏见。1906年，湖南高等学堂几十名学生都剪掉辫子，也没有被处罚。1909年，广西陆军小学的全体学生突然集体剪辫，广西巡抚张鸣岐得知后也仅是训斥一下，并要求学生“务必重新留回辫子”。1910年冬，咨议局的议员在大会上提出“剪掉辫子”的议案，竟获得多数票通过。可知在晚清最后十几年，“留头不留发，留发不留头”的时代已经过去了，尤其在学生群体中剪辫蓄发的比比皆是。像张勋在南京时，因衣冠发型而大开杀戒的实在是个特例。

反过来看，也不要奇怪张勋的辫子为何能保留。辛亥革命后，各地皆提倡剪辫，但没有以血腥的方式强行改造，许多人出于习惯，仍然留着辫子，老百姓自不必说，即使在学界也有著名的国学大师辜鸿铭和王国维，军政界的冯国璋也是在清亡后一段时间才剪掉辫子的。《纽约时报》在1912年12月8日的报道中称，国民党非常严肃地提出，任何留有长辫的人都不得参与投票，但袁世凯没有同意，“因为他认为选举权不应该与人的发型联系起来”。当然，张勋作为北洋政府的高级将领，带那么多兵，部队从上到下脑后都拖着前清的辫子也的确不像话，为此袁世凯专门派人到徐州劝说张勋剪掉辫子，结果张勋直接将来人领到一口棺材旁，指棺明志：身可死，辫不可剪！

军阀张勋的辫子与学者辜鸿铭的辫子可不能等量齐观，辜鸿铭对那条“象征性的发辫”坚持己见，曾对毛姆说：“你看我留着发辫，那是一个标记，我是老大中华的末了的一个代表。”归根结底，辫子是个人自由。但军阀张勋的辫子就不是“一个标记”那么简单了，他是开历史倒车的老司机。1913年3月的宋教仁遇刺案引发“二次革命”，袁世凯说孙中山、黄兴这些革命党起来“捣乱”，要北洋系抱团共同抵抗革命。张勋于当年8月率军由台儿庄南下，一路扫荡，最后攻打的还是老地方——革命军的大本营南京。当时南京城里由黄兴统帅的革命军力量相当薄弱，带着新仇旧恨的张勋亲自督战，率部夜袭乌龙山，迅速击败黄兴部，于9月1日正式攻占南京城。

辫子军进南京后干的第一件事还是屠城，自城破之日起“三日不封刀”，奸淫掳掠无恶不作，无数不堪凌辱的女性投秦淮河自尽，河面、街巷以泽量尸，同一支军队将南京再次变成人间炼狱。辫子军这次的暴行比上次规模更大，就连冯国璋也对兽兵的作为忍无可忍，下令逮捕数百名辫子军。张勋听闻后大为恼火，派出军队阻挠，“双方持枪对峙街头，几成火并之势”，后来还是因袁世凯远程调解才消弭了一场冲突。

大清回来了？

辫子军无恶不作，但张勋毕竟为袁世凯拿下了南京，立了功，北洋政府对其部洗劫南京的做法丝毫不予追究，反而授给张勋一枚嘉禾勋章和一枚文虎勋章，同时任命他为江苏都督，袁世凯还亲笔题写“褒鄂英姿”的匾额赠给张勋。张勋担任江苏都督的时间仅有一月，但在这期间，他却在南京把民国变成了大清。

就任江苏都督后，张勋势力范围内，都督以下的官职全部沿用清朝旧称，一时间什么道台、知府、总办全“诈尸”了。不仅是名称的变动，形式上张勋搞的也是大清那一套礼仪，如官员进出一律坐轿，迎送宾客要行跪拜礼，都督府大堂里的柱子也全部漆成朱红色，前清时的那些吹鼓手也被请回来继续吹吹打打。更离谱的是，已经被民国政府废除的刑具也被张勋翻了出来，重新摆放到都督府的衙门里。军队里自然也沿用清朝旧制，数十营辫子军官兵换上清朝的蓝底制服，使用龙头令箭下令，活像一队队“僵尸先生”，在当时的报道中被称为“蓝衣兵”。

只是形式还不够，张勋又大搞意识形态，在官方文件中，他严令禁止使用“前清”的字样，没有辫子的人不许出现在都督府。民国的五色旗（国旗）、铁血十八星旗（陆军军旗）、青天白日满地红旗（海军军旗）一律不许悬挂，那么挂什么呢？张勋在都督府前悬起了一面书写着斗大“张”字的旗帜，前清的黄龙旗也在辫子军的军营里飘扬起来。种种怪异的行为，连驻南京的外国使节都感到困惑，而江浙的士绅也对张勋这一系列开倒车的行为发出抗议，高呼“去此人以保共和”。

张勋在南京的复辟预演玩得很过火，加上辫子军军纪极差，南京民怨沸腾，各界罢工罢市抗议其暴行。这些袁世凯一直看在眼里，此时孙中山的革命已被镇压，他正好腾出手来准备修理下张勋。恰在此时，南京发生了辫子军击毙日本浪人的事件，日方认为张勋有排日倾向，强烈抗议，要求撤换张勋，即所谓“南京交涉案”。面对压力，张勋只得于9月28日前往南京日本领事馆道歉，并处死了两名辫子军。袁世凯本来就想整肃张勋，现在机会自己送上门，他也正好借题发挥，任由国内报刊搞大新闻，把张勋和他的“蓝衣兵”批判一番。面对舆论压力与各国公使的抗议，在袁世凯就任正式大总统的10月，张勋就递交了辞呈。袁世凯也乐得顺水推舟，于12月6日任命冯国璋为江苏都督，取代张勋。不过为了安抚张勋，他于前一天任命他为安徽都督，加长江巡阅使衔，节制湘、鄂、赣、皖、苏五省水警。

12月24日，新旧都督交接仪式在南京举行，冯国璋上任后，大清的黄龙旗纷纷被撤下，民国的五色旗再次升起，宛如改朝换代。不过张勋的老巢徐州却依然像是大清的天下，回到徐州后，张勋又开始扩军，原本不足万人的辫子军剧增至近两万人。1914年6月30日，61岁的张勋被袁世凯授为定武上将军，其部更名为“定武军”。这里的“上将军”不是军衔，而是一种职务名称或荣誉名号，张勋的军衔为陆军上将。有人可能疑惑，大家不是都管张勋叫“辫帅”吗，怎么只是上将？实际上在北洋时期的军制中，并没有帅的设置，称“帅”只是沿袭了前清的习惯，能称“大帅”的必是统领一方的诸侯，要么是独立军系的首领，要么是像张勋这样当了巡阅使的。称“帅”时一般是取对方名字中的一个字，如吴佩孚（字子玉）称“玉帅”；张作霖（字雨亭）称“雨帅”；张勋字绍轩，一般称“绍帅”。所谓的“辫帅”不是尊称，是敌对方人员或老百姓私下对张勋的戏谑之辞。

张勋加授定武上将军时，北京的袁世凯也在紧锣密鼓地组织人马鼓吹帝制。1915年夏，袁世凯在谋划改元登基过程中，曾询问过各方意见，北洋系中除了段祺瑞这样少数明确反对的人，大多含糊不清，首鼠两端。倒是怪头怪脑的张勋出人意料，他旗帜鲜明地反对袁氏称帝。等到袁世凯正式当上洪宪皇帝后，授张勋一等功，他坚持不受。此时此刻他对洪宪皇帝唯一的要求，就是要他遵守优待清室的承诺。

张勋反对袁世凯称帝，自己却在徐州大搞大清复辟。他的部下在徐州东北角为他修筑了一座生祠，取名“云在堂”，1914年9月开始修建，1915年8月落成，占地十亩。张勋本人住在道台衙门内，平日里轿进轿出。当时在徐州读书的童菊甫老人回忆，他曾在上学路上偶遇张勋的大轿队伍，看见张勋“头戴大红帽子，上面插着羽翎，后面拖着长辫子，嘴上留着八字胡，身穿蓝色绣花大袍子，胸前挂着一大串朝珠，脚穿黑色长筒靴子，直挺挺地端坐在敞开门的大轿子里头，威风凛凛，不可一世”，俨然一副大清朝官老爷的派头。

督军团出炉

洪宪王朝其兴也勃，其亡也忽，83天皇帝梦破碎，袁世凯本人也一病不起。墙倒众人推，昔日袁世凯的心腹冯国璋也在南京召开“南京会议”，目的是想在袁派和反袁派之间造成第三股势力。此时袁世凯对冯国璋失去信任，遂以毒攻毒，派张勋督理安徽军务，仍驻徐州，并暗示张，若能驱冯便派其督苏。张勋领会袁世凯用意后，与袁党的倪嗣冲联手起来捣乱，最终把“南京会议”搅得无果而散。

1916年6月6日，气病交加的袁世凯离世，消息传出的第二天，张勋一方面立即发表“保境安民”通电；另一方面把参加“南京会议”的各路军阀代表都邀请到徐州开会，参加的有奉天、吉林、黑龙江、直隶、河南、山西、安徽七省代表，此时大家最关心的就是袁世凯这个大家长死后，北洋系如何相处，中国该何去何从，但踌躇满志的张勋却在招待各省代表洗尘的宴会上高谈阔论，说什么“大清朝的深仁厚泽”。

6月9日，著名的徐州会议正式开始，张勋的参谋长万绳栻宣布《会议纲要》十条，旨在组织各省军阀军事攻守同盟，挟制北京政府以对抗西南护国军，张勋也以大盟主的身份自居，在会议结束后的6月20日公然反对惩治洪宪帝制的祸首，说什么“君主、民主主张各有不同，无非各抒己见，罪魁功首，岂能以成败为衡”之类的论调，把帝制说成南北之争，甚至给要求惩办祸首的人扣上误国大帽。张勋利用徐州会议的成果，继续吸收各省的北洋军阀参加，从七省同盟扩大至九省同盟，盛极一时。

9月21日，张勋公然召开第二次徐州会议，规模已扩大为“十三省区联合会”，山东督军张怀芝、奉天督军张作霖、吉林督军孟恩远、湖北督军王占元、直隶督军曹锟、江苏督军冯国璋等军阀都派了代表参加会议，这次会议决定推举张勋为十三省区大盟主，并制定《省区联合会章程》。就当时而言，这个章程组织了一个对抗国会、革命党和西南各省的军事同盟——后世称为

“督军团”，但其深远影响是导致中央对地方失控，为各省军阀割据打下更有力的基础。

为什么大家愿意选张勋这个北洋杂牌军阀当盟主？主要还是因为在袁世凯死后，各军阀一时也没了方向，感到前路茫茫，尽管在袁世凯生前他们就明争暗斗，但他们十分清楚，失去袁世凯这个大家长后，若再不团结，势必四分五裂甚至土崩瓦解，自己地盘不保、利益不保。他们急需寻求一个联盟的机会，恰在此时，张勋召开了徐州会议。另外，张勋作为北洋系中最顽固和守旧的代表，很多前清遗老都往徐州跑，把张勋看作复辟的希望。洪宪帝制垮台后，复辟派的政客也纷纷到徐州来求张勋庇佑，无形中积累了大量的政治资源。张勋虽然是北洋系中的杂牌，但他兵强马壮，又在特殊的时期抓住了最好的时机，风云际会，一跃成为袁后中国的政治宠儿。

1917年1月7日，北京府院之争到白热化阶段，段祺瑞的干将倪嗣冲趁机邀请在南京为冯国璋祝寿的代表到徐州召开了第三次徐州会议，通过了“请总统罢斥妄人”“取缔国会”“拥护总理”等五项决议。从表面上看，这次会议是在为段祺瑞助阵，所有决议都有利于段，但也意味着辫帅张勋的触角已经伸向了全中国的政治中心——北京。

（文/周渝）

辫子兵横行：光怪陆离的十二天复辟

1916年6月6日，紫禁城里传来袁世凯病亡的消息，人人喜笑颜开，奔走相告。除了对袁氏的旧恨，也为自己逃过一劫而庆幸。袁氏死后不久，开始出现一些新的声音，有人说袁世凯的失败，就在于动了鸠占鹊巢之念。也有人说“帝制非不可为，百姓要的却是旧主”，与其让姓袁的做皇帝，还不如物归旧主。这些声音与小皇帝的师傅们所说的“本朝深仁厚泽，全国人心思旧”之言形成共鸣。又过了一段时日，报纸上开始登出“宗社党起事未成”“满蒙匪势猖獗”等消息，溥仪说：“我知道这是肃亲王善耆这些人在为我活动。”

自民国以降，公开反对共和的王公大臣善耆、溥伟、升允、铁良被称为“四个申包胥”，却没有一个能成事。真正可以把溥仪再扶上“真皇帝”龙椅的人，是手握重兵的辫帅张勋，此时他正在徐州紧锣密鼓地召开复辟会议。

复辟会议

1917年初，张勋主持召开的第三次徐州会议刚结束，北京的民国总统黎元洪与总理段祺瑞已吵得势同水火。在徐州，张勋一直关注着北京的动向，感到时机已成熟的他开始向各省督军及代表发密函，邀请他们到徐州开会。此时张勋以盟主自居，影响力空前，即使是素来瞧不上这些老怪物的段祺瑞也派了徐树铮到徐州参会。

5月22日，倪嗣冲、张怀芝、王占元、李厚基等各省军阀及其代表共计20余人从北京挂专车直抵徐州。除了孟恩远到天津就下了车，曹锟托病回到保定，王占元在徐州住了一晚后就转车南下，其余人均参与会议。尽管第四次徐州会议只有督军团的一部分人员和一部分军阀代表到场，但由于有四五个督军亲自参加，分量就要比前三次重得多。

前三次徐州会议，张勋都暗示过复辟清室的问题，但点到即止。召开第四次徐州会议前，张勋曾到处探口风，发现陆荣廷对复辟问题没有明确表示反对，冯国璋也支持自己。其实冯国璋那儿是出了乌龙，冯派到徐州来的潘博是个复辟分子，明确说支持张勋，后来张勋写信给冯国璋再次询问时，潘博又拍密电给同为复辟派的胡嗣瑗，让他偷天换日，以冯国璋的名义回信给张勋，对复辟极力附和。这些信息让张勋认为复辟可以摆在明面上来探讨了，因此第四次徐州会议也称“复辟会议”。

会议召开前，张勋被众人一致推为会议主席。5月23日，也就是会议召开的第二天，北京传来黎元洪免了段祺瑞总理职务的消息。段氏被免职的影响相当大，因为在北洋系看来，黎元洪是个“外人”，现在袁大头死了，这个小小协统凭什么骑到咱北洋系头上？倪嗣冲等开始在会议上对黎元洪破口大骂，主张推翻这个外来户总统。

不过倪嗣冲这些人骂归骂，并没有什么实际主张。至于张勋，那就是满脑子的大清复辟。会议关键的一天，张勋本人并未出席，而是由他的参谋长万绳栻主持。借着会场一片拥段倒黎之声，万绳栻以张勋的原话答复："你们的主张我是无法办到的，因为师出必须有名。"如何师出有名，那就是把大政奉还给今上！

所有人都知道张勋想要复辟，但当复辟议案摆到明面上来讨论时，大家还是面面相觑。这是一场豪赌，没人敢贸然答应。唯有敏锐的徐树铮发现，如果在复辟问题上不能达成共识，徐州会议也将无果而散，他决定给张勋挖坑下套，不再明确反对复辟，先让张勋疯狂，借其手干掉黎元洪后再叫他灭亡，从而恢复段祺瑞政权。所以当徐树铮态度开始暧昧后，其他督军也开始模棱两可，先是没人公开反对复辟，后又进展为大家赞同复辟了。

段祺瑞的警告

万事俱备，督军团定下策略，由各省督军先闹事，纷纷宣布独立，给黎元洪造成"九省督军皆反，连兵请解散国会"的军人干政局面，张勋则不忙站队。接下来，各省督军于5月28日联合致电所谓中立的"调停人"张勋，请他北上调停，收拾局面。之前对德宣战一事上，张勋表现得很不积极，这给黎元洪造成一个假象，认为张勋是倾向自己的。实际上张勋是因为德皇对复辟派表示过支持。总统府秘书郭同与张勋是同乡，自告奋勇愿为黎元洪说动张勋，经黎同意后秘密前往徐州与张勋密谈，被张勋一通“不做总统、不做总理、不做总长”，愿为黎元洪这位忠厚长者声援之类的鬼话忽悠，返京后竟对黎元洪力言张勋可用。焦头烂额的黎元洪将张勋视为救命稻草，于是电请其“迅速来京，以备咨询”，以便“匡济时艰，挽回大局”。

复辟阴谋如司马昭之心，难道就没人敢公开反对？有，这个人就是段祺瑞。段氏本身就以再造共和的功臣自居，向来反对帝制，还在徐州会议期间，他就派曾毓隽到徐州传话：“如议及复辟，段必尽力扑灭，勿谓言之不预也。”等到张勋率辫子军抵达天津时，段祺瑞主动前来拜访这位老同僚，并对他说：“大哥来了很好，到了北京首先要维持治安，这是要紧的事。别的事情都可以办，只是保清帝复位的事还不到时候，即使勉强办了，就算北方答应，南方亦不会答应，我看这件事还是慢慢来办。”

当时在场的苏锡麟听了段祺瑞这番话后很感动，说“老段这个人可真够朋友”。不久后，张勋礼貌性地回访段祺瑞，段把话说得更直接了：“你如复辟，我一定打你。”估计张勋听后呵呵一笑，此时段祺瑞在野闲居，无职无兵，拿什么打？他不会把老段的话当一回事，大清朝复辟已进入倒计时。

“满街跑着祖先”

1917年6月15日，头戴顶戴花翎的张勋偕同定武军四个统领乘汽车到神武门，又换乘轿子入宫谒见清帝溥仪。在溥仪的记忆中，那一日新授的“太保”陈宝琛与刚进宫不久的梁鼎芬一起来到毓庆宫，不等落座，陈宝琛开口就对溥仪说：“今天皇上不用念书了。有个大臣来给皇上请安，一会奏事处太监会上来请示的。”

溥仪对辫帅张勋也有所耳闻，知道他在隆裕太后死后通电吊唁称为“国丧”，还说过“凡我民国官吏莫非大清臣民”的话。溥仪相信张勋是位忠臣，甚至幻想其是曾国藩那样的中兴名臣。等真正见了张勋后，溥仪却有些失望，他回忆说：“我对这位忠臣的相貌多少有点失望。他穿着一身纱袍褂，黑红脸，眉毛很重，胖乎乎的。看他的似乎太短的脖子就觉得不理想，如果他没有胡子，倒像御膳房的一个太监。我也注意到他的辫子，的确有一根，是花白色的。”

溥仪与张勋再次见面是半个月之后的7月1日，还是在毓庆宫，陈宝琛、梁鼎芬和朱益藩这三个皇帝师傅一起出现，陈宝琛告诉溥仪张勋一早就来了，溥仪问：“他又来请安了？”陈宝琛严肃地回答：“不是请安，是万事俱备，一切妥帖，来拥戴皇上复位听政，大清复辟啦！”

原来张勋在第一次进宫“面圣”后，加快了复辟节奏，6月18日，他通电各独立省，请他们取消独立。6月21日发布通电，要天津撤销总参谋处，以此削弱段祺瑞与徐世昌的政治影响力。6月27日，重量级人物康有为与复辟中坚人物沈曾植、王乃澄秘密进京。前文提过，胡嗣瑗与潘博这两人都是复辟派，而潘博又是康有为的弟子，因为这层关系，张勋还在徐州时，康有为与他有了交往。以“亡国臣民”自居的康有为乔装入京后，被张勋接到南河沿街私宅共商复辟大计，随后，康有为等三人秘密居住在与当年戊戌变法有千丝万缕联系的法源寺。

6月30日，张勋等秘密入宫，召开会议部署明日复辟大计，下午到江西会馆观戏。那天正好江西会馆新厦落成，梅兰芳被请来登台献唱，张勋观戏直到午夜1时才回府。他没有就寝，而是召集了张镇芳、雷震春、万绳栻、胡嗣瑗、康有为、江朝宗、汤玉麟等召开了复辟前的最后一次会议。会后张勋下令，天一亮北京城即悬挂龙旗，改民国六年（1917年）7月1日为宣统九年五月十三日，一切典章礼仪，均恢复清朝旧制。

7月1日天刚拂晓，北京城大街小巷在警察的要求下，挂满了五花八门的龙旗，有的旗面破旧不堪，有的龙画得四不像，有的是长方形，也有的是三角形，甚至还有不少连夜用纸糊出来的龙旗。紧接着，几年没见的清朝袍褂开始出现在街头，不少身穿袍褂的人脑后拖着辫子。溥仪说这些人“好像从祖先画上跑下来的人物，满街跑着祖先”。最机灵的是那些报贩，登载复辟消息的号外售价格外昂贵，到处都能听见报贩叫卖“宣统上谕”的声音：“六个子儿买古董咧！这玩意儿过不了几天就变古董，六个大铜子儿买件古董可不贵咧！”

复辟次日，各大报刊登载了一篇洋洋洒洒的“上谕”，其核心内容总结有三点：第一，民国不如大清，“党争激成兵祸，天下汹汹，久莫能定”。第二，我大清自有国情在此！“乃国体自改共和以来，纷争无已，迭其干戈，强劫暴敛，贿赂公行”。第三，百姓无不怀念我大清，“据张勋、冯国璋、陆荣廷（冯、陆二人均系捏造）等以国本动摇，人心思旧，合词奏请复辟，以拯生灵”。基于这三点，只有大清重临，光辉灿烂的理想年代才会来临云云，朕顺天理应人心，重临天下，一统江山。

京城怪象迭出

未满12周岁的小皇帝溥仪自然写不出如此精彩的“上谕”，据说此谕稿出自万绳栻和胡嗣瑗两人之手，再经康有为审阅修订始发表。“上谕”除了将大清恩德吹捧一番，还为“大清帝国”定下几项基本法：政体为君主立宪；皇家经费照旧，不得丝毫增加；亲贵不得干预政事；之前与各国签订的条约、付债款各合同，一律继续有效；废除民国印花税、刑律；赦免政治犯；国民是否剃发留辫，全凭个人自由，不再强制。

基调刚定，复辟派内部就闹矛盾了。首先不高兴的是那些王公们，禁止亲贵干政让他们群情激愤，连“淡泊名利”的醇亲王载沣也纠集一群贝勒要找张勋理论，但没什么用。其次是张勋对康有为等定下的发型自由政策不满，自己就搞了一套针锋相对的怪政策，如大清选举官员的支配原则：“凡前清官僚，至亡国后，保存发辫而不服官于民国者为上选……有发辫而曾应民国之聘出山者为次选。自若无发而又为民国官者，虽有奇才异能，亦屏而不用。”

上有政策一出，下面叼飞盘的奴才马上趋之若鹜，京城上下怪象迭出。理发店也不理发了，改售用马尾等材料编织成的假辫子，一时竟洛阳纸贵，假辫子被抢购一空；服装店里几年都卖不出去的老袍褂被急着谋官的遗老遗少买光，现在也“一褂难求”，连唱戏的戏服也被当成宝贝。京城上下，气象为之一新。复辟才几天，出入紫禁城的前清大小官员脑后的发辫竟然都神奇地“长”了出来。看着这长辫垂垂的景象，张勋自然很满意，但很快他就发现不少人用假辫冒充真辫的现象，他迅速想了个鉴别真伪的方法，即“凡垂辫往谒者，必令其侍从脱来者之帽以验之，有冒充者，予以枪毙之刑。故日来此风稍杀矣”。

最高兴的就是那些遗老们，这会儿都成了大清的忠义之士。前清老翰林劳乃宣授法部尚书后，恐人讥其不识法律为何物，乃向琉璃厂购《大清律例》一部，从早到晚，埋头苦读。有一名叫吴笛楼的道士，直接把束着的发髻散了，编成辫子，再剃掉前发，把自己打扮成大清遗民的模样前往谒见张勋谋官。张勋的辫子军中也出现了怪象，这几千名辫子军脑袋后面留着的可都是货真价实的发辫，其中有不愿继续当兵的，干脆把军服一脱、武器一扔，改名换姓，凭着一条发辫去求官，张勋也未能辨别，还得意地对左右说：“我说人心不忘故主，今日果应其言。不然，哪里来这许多有辫子的人呢？”说完掀髯一笑，乐不可支。

辫子兵在京城横行无忌，这些士兵三五成群，整日游荡于市间，如同土匪。时人天忏生在笔记《复辟之黑幕》中记载了一则小故事：辫子兵买东西不付钱，店家向其索要，辫子兵即以发辫示之：“你不瞧见俺的免票吗？”店家听得不知所谓，仍坚持向他讨钱，辫兵立即怒斥：“老子由徐州到北京，沿途乘火车、乘轮船，吃酒、吃饭，向来不名一钱，全凭这条辫子为免票。你们今天一定同俺们要钱，除非将俺这免票剪下来。”说完摆出要动武的架势，店家惧其威，只能自叹晦气。辫子兵欺压百姓的行径在汪曾武的笔记《劫余私志》中也有记载，一次辫子兵拿东西不给钱，还痛殴店家伙计，警察出面干涉，辫子兵不可一世地对警察说：“我等从前在徐州，不过为长江巡阅使部下兵士，赴市买物尚不给钱。今天我家大帅升官晋爵，我等便是王爷的兵丁了。而且小皇帝即位，全是我们的功劳，这些开店铺的总须酬谢我们，才是道理。”说毕，扬长而去。

讨逆！讨逆！

宣统复位，民国变大清，在“武圣”张勋和“文圣”康有为联合操办下，紫禁城内有声有色，但民国的大总统黎元洪还在总统府内办公。全北京龙旗飘扬，唯有新华门内的总统府仍高揭五色旗，财政、参谋两部也坚持悬挂五色旗。在一片黄龙旗的包围中，这里是京城最后的民国。

复辟派最理想的方案就是让黎元洪搞一个交接仪式，大政奉还，把“国”交给溥仪。溥仪的师傅梁鼎芬因为和黎元洪是儿女亲家关系，自告奋勇要见黎元洪劝其退位，结果遭黎严词拒绝。得知黎元洪不肯就范，陈宝琛恼羞成怒，对溥仪说：“黎元洪竟然拒绝，拒不受命，请皇上马上赐他自尽吧！”

小皇帝觉得陈的建议太过分了，为此还首次顶撞了陈师傅：“我刚一复位，就赐黎元洪死，这不像话。民国不是也优待过我吗？”陈听后仍气呼呼地说：“黎元洪岂但不退，还赖在总统府不走。乱臣贼子元凶大憝，焉能与天子同日而语。”最后商议的结果是由梁鼎芬设法再去劝说黎元洪离开总统府。还没等紫禁城这边的人出发，他们就已收到黎元洪带着总统印跑到日本公使馆的消息。

府院之争弄成丁巳复辟，狼狈不堪的黎元洪虽誓死抵制，却不得不向段祺瑞低头。他于2日派秘书覃寿衡将密令送到天津，再由张国淦交给段祺瑞，这道命令的内容是重新任命段祺瑞为总理。对于光杆总统黎元洪的命令，段祺瑞虽不以为然，但他要挥师讨逆毕竟还是要师出有名，因此勉为其难地接受了黎元洪作为此届总统下达的最后一道命令。恢复身份的段祺瑞也要开始实现他对张勋的“承诺”了——你如复辟，我一定打你！

如何打张勋？段祺瑞面临的最大困难是他手里没有一支属于自己的军队，要讨逆还得先选人。论兵力，冯国璋兵强马壮，但人在南京，远水不解近渴，加上冯本人有野心，一旦讨逆成功，再造共和之功必归冯氏所有，基于这些考虑段祺瑞放弃了冯国璋。论距离，陈光远的两个师离北京城最近，也是兵力最多者，但此人是个滑头政客，在张勋复辟当天，陈光远在南苑的军营就飘起了黄龙旗，段祺瑞自然也不能用他。选来选去，最合适的部队还是李长泰的第8师，这支部队驻天津马厂，离北京相当近，师长李长泰政治倾向与段祺瑞接近，还通电谴责过张勋复辟。段祺瑞费了一番周折，终于说服李长泰，于是他的第8师顺理成章地成为讨逆军的基本力量。

7月2日晚，段祺瑞前脚刚携梁启超等赶赴马厂，亲复辟派的天津警察厅的警察后脚就到了，很可能是张勋想“擒贼先擒王”，奈何晚了一步。7月3日上午，段祺瑞在马厂召开军事会议，以李长泰第8师、冯玉祥第16混成旅（驻廊坊）及曹锟第3师（驻保定）为讨逆军主力，共计3万人马。段祺瑞任总司令，段芝贵任东路军总司令，曹锟任西路军总司令，梁启超、汤化龙、徐树铮、李长泰为总部参赞。一切准备就绪后，段祺瑞发布了一篇洋洋洒洒的讨逆檄文，宣布张勋“八大罪状”，剑锋直指紫禁城。起草这篇檄文的，是当年维新变法的干将梁启超，自戊戌政变以来，避居海外的梁启超政见逐渐与其师康有为发生了分歧，甚至一度与革命党亲近。这一次，梁启超公开指责康有为附逆，师徒二人算是彻底分道扬镳了。誓师当日，五色旗猎猎招展，几路大军浩浩荡荡地向龙旗飞舞的北京城挺进。

讨逆军的进展可以用摧枯拉朽、势如破竹来形容。7月4日，段祺瑞率领的部队由马厂进至杨村，曹锟的人马由保定开赴长辛店。5日，第8师一部在廊坊、万庄之间与辫子军首次接战，辫子军随后退往丰台，讨逆军追至黄村以北。同日，西路军3师乘火车北上，占领涿州、良乡，直抵卢沟桥。段祺瑞于5日将司令部自马厂移至天津，并通电宣布就任国务总理，暂以直隶省公署为办事处。6日，冯国璋在南京就任代理大总统职，并任倪嗣冲为讨逆军南路总司令。7日，陈光远倒戈，原依附辫子军的京畿第2旅吴长植部也加入了讨逆军的队伍……复辟刚过一周，张勋就已陷入四面楚歌之境。

中国首次空袭

复辟是一场豪赌，赢了开国功臣，输了性命堪忧。看着各督军通电反对复辟，赌局输赢一目了然。唯一的悬念，就是投身这场豪赌的人究竟会输得有多惨？张勋已是秋后蚂蚱，却还顽固得很，当他看见讨逆檄文后，拍案大骂："臣子向故主称兵，非逆而何？他反说老张是叛逆，真不通已极。"随后命人将檄文上讨逆军之"讨"字挖去，以泄心头之恨。

"辫帅"虽倔强，辫子军却不争气。在段祺瑞军的攻势下，丰台大本营一败涂地，辫子军如潮水般溃退回城，讨逆军四面包围北京城。其实战事谈不上惨烈，正式战斗在7月7日才打响，且都是低烈度战争，死者不足百人，俘虏的辫子兵倒是不少。靳云鹏向李长泰提出建议，想杀几个辫子兵祭旗，以振军威。段祺瑞听了此事后很不高兴，说："罪在张勋一人，这些官兵们有什么罪？杀几个有什么用？你们总是好杀人，杀人者人恒杀之，哪一个好杀人的有好结果呢？"

或许由于段祺瑞不主张过度杀伐，讨逆军对于辫子军俘虏实行"割发代首"政策，将俘虏一一剪去发辫后，用其衣反绑其手，每人背后插一面民国五色旗，又取粉笔书"割发代首"四字于俘虏胸前，放他们回城"以辱张勋"。张勋见到这些被弄得四不像的部下，大怒道："既没有辫子，我不承认你们是我的部下了，要你们何用。"随后"立命枪毙"。当然也有个别誓死不剪辫子的士兵遭讨逆军枪毙。据天忏生的记载，讨逆军先将死硬辫子兵双手捆绑，挽其辫发作丫角式，竖于头顶，以小旗插入发际，旗上书曰“不剪辫者看榜样”。临开枪时，行刑者笑骂道：“汝曹与辫子相依为命，今天便是你翘辫子日期。”

7月8日，担心北京古城毁于战火的段祺瑞派汪大燮、刘崇杰进城劝张勋投降，告诉他只要取消帝制，解除辫子军武装，段可以保全张勋性命，同时维持清室优待条件。眼见大势已去，张勋也不糊涂，随即命幕僚拟了一个通电，核心就是：我不离兵，兵不离械；我从何处来，我往何处去。张勋想离开北京，回徐州继续当他的张大帅。这个条件自然不被讨逆军所接受，双方只好撕破脸大打一场了。据英国《泰晤士报》报道，当天城内战况异常激烈，“没有一只鸟能够安全越过北京上空”。不过一仗打下来，子弹消耗掉不少，死的人却不过几十个，因为“所有的枪几乎都是朝向天发射的”，这种打半天不死几个人的战斗是北洋内战的特色。

7月11日，驻守在南苑的航空学校接到段祺瑞的命令，随后一架名为“高德隆”的飞机起飞，对辫子军阵地、张勋住宅和紫禁城实施轰炸。这次空袭是中国第一次使用飞机作战，当时飞机没有对地攻击装置，飞行员只能拎着炸弹往下扔，精准度可想而知。但“高德隆”飞临紫禁城那天，仍给满朝文武带来了终生难忘的恐惧。

“飞机空袭那天，我正在书房里和老师们说话，听见了飞机声和从来没听见过的爆炸声，吓得我浑身发抖，师傅们也是面无人色。在一片混乱中，太监们簇拥着我赶忙回到养心殿，好像只有睡觉的地方才最安全。”溥仪在《我的前半生》中叙述了那难忘的一天。其实飞机只扔了3枚小炸弹，一枚落在隆宗门外，炸伤轿夫一名；另一枚落在御花园水池里，炸坏了水池一角；第三枚落在西长街隆福门的瓦檐上，没有爆炸。虽然空袭雷声大雨点小，3枚炸弹中有一枚还哑火，但它却将一个诈尸的王朝彻底炸垮，意义重大。溥仪回忆，自从“宫中掉下讨逆军飞机的炸弹，局面突然完全改观。磕头的不来了，上谕没有了，大多数的议政大臣们没有了影子”……

大清又亡了

7月12日天刚拂晓，北京城内枪声大作，朝阳门外的讨逆军打到了永定门，辫子军且战且退。此时的北京城一片狼藉，满地都是发辫和破龙旗，这大清又要亡了。

中午时分，讨逆军炮火击中张勋住宅，随后起火，这场大火间接救了张勋。原来，前一日万绳栻自作主张与荷兰公使欧登科达成约定，让张勋到荷兰使馆避难。所以当欧登科发现张宅起火后，立即命人开车前往，据在场者回忆，几位外国人抵达张宅时，张勋还叉着腰站在庭院中间指挥救火，看上去很镇定。几个外国人劝他离开，他死活不肯，最后生拉硬拽将其拖上车，衣服都扯破了，其中一个荷兰人还被张勋咬了一口。但无论如何，张勋在城破之日避入荷兰使馆，暂时无生命之忧。

复辟派的大臣或散或逃，此时最惊恐的就是紫禁城里的清朝王公贵族们。失败已成定局的7月11日，小朝廷竟然还煞有介事地给东北的张作霖发了一道“上谕”，要他进京“勤王”，还没出京就被截获。“上谕”发布的第二天早晨，外面的枪炮声响得更密集了，到了中午枪声渐息，奏事处的太监来报，说是张大帅的部队打了胜仗，段祺瑞的军队全败了，此消息一经传开宫中众人顿时眉开眼笑，其间还有人说什么关二爷宝马出了汗，是武圣显灵之类的胡话。这天晚上大家睡了个安稳觉，第二天一清早，内务府就传来消息：“张勋已经逃到荷兰使馆去了……”

这次复辟偷鸡不成蚀把米，没有人知道段祺瑞会如何处置小朝廷。连张大帅都跑去避难了，他们还能做什么呢？这时陈宝琛和醇亲王载沣垂头丧气地来了，他们给小皇帝带来拟好的“退位诏书”，准备再次“退位”。据清朝王公的估计，这次对他们的处罚最轻都会取消优待条例。但事情在这时候反转了，张勋失败之时，段祺瑞等北洋大佬就达成共识，不追究清室责任。要使这个定调成立，清室的“退位诏书”是万不可发的，否则怎么是“被胁迫”呢？在讨逆军这边派去的人不断暗示下，紫禁城方面终于心领神会，拟好的退位诏书也不发了，改为由内务府发个声明。

“诏书”与“声明”有本质上的差别，而且在这份声明中，小朝廷不提“临朝听政”，而是表明自己“本无私政之心”，都是张勋“入宫盘踞，矫发谕旨”，反正都是张勋的锅。把所有脏水都泼向张勋后，清室以受害者小白兔的形象出现，紫禁城在这次复辟中的作为，就这样被轻轻掩盖过去。

复辟如昙花一现，给北京留下了满地的辫子与龙旗。京师的媒体见风使舵，纷纷去宣统年号，改用民国年号，有份报刊改用阳历时未将之前的“清”字删去，以至于刊发后首列出现“中清民国七月十三日”九字，见者无不捧腹，此怪象也算是这场滑稽闹剧之尾声。张勋开始了他的避难生活，共计一年零三个月。1918年3月，北洋政府以“时事多艰，人才难得”为由，对洪宪祸首和丁巳复辟案犯一律实行特赦，但不包括首犯张勋。直到10月23日，新任大总统徐世昌亲自签署了对张勋的特赦令，辫帅才重获自由。

此后，张勋一直蛰居天津德租界6号寓所。这位松寿老人（张勋号）晚年生活幸福滋润，他独资或投资经营的各种店铺、工厂等企业多达70多家，家中的佣人不下百余人，门口还有英租界工部局派来的警察站岗。不过在复辟失败后，张勋从此不问政事，旧友新朋几次请他出山均被拒绝，直到1923年9月12日病逝，终年69岁。溥仪赐谥“忠武”。

张勋死后一年，紫禁城内的“大清”也亡了。1924年10月23日，冯玉祥发动北京政变，末代皇帝溥仪终于被彻底拉下皇位，小朝廷从此不复存在。至今为止，一直不乏声音批评北京政变违反清室优待条例，是背信弃义之行。若要如此算账，紫禁城在丁巳复辟中的所作所为，早已违约在先，北京政变只是迟到了7年的惩罚。

（文/周渝）

北洋裂变后的袍泽斗法

1917年7月的一天，坐镇金陵的民国副总统冯国璋收到来自北京的一封神秘电报。冯氏拆开一看，电文只有干脆的四个字："四哥快来！"冯国璋马上意识到，此信必是出自段祺瑞之手。冯将该电报示以身边众人，且忍不住面露得意之色，甚至以看似自谦实则炫耀的语气道："你们看，芝泉这个粗人！芝泉这个粗人！"

闻知此讯，冯之幕僚并未一味逢迎附和，而是分为两派：力主北上或建言留苏。此际，张勋辫子军已溃不成军，黎元洪又负气离职，距离大总统，冯国璋仅一步之遥。于此关口，当何去何从？

"北方的大局好比是一个香炉"

身在白下城，心驰中南海，冯国璋已掩饰不住自己跃跃欲试之情。不过揆诸时局，泼冷水者的看法并非杞人忧天。譬如冯之幕僚师景云、恽宝惠就反复劝告北京是北京，南京是南京，北上任职好比巨蛟出海，落入他人浅渊之中。甚至恽宝惠还曾当着冯的面讲："做总统，要像袁大总统那样，才能做得好。像那黎大总统，由于他手里没有实权，所以就让人给端下来了。古人说得好，‘猛虎在山，藜藿不采’，不要看总统在这儿威震八方，可是，一到了北京，人家处处拿法律限制你，就什么事也办不通啦！所以，最好是总统还依然留在南京，由总理在北京处理政务，那么，可进可退，也就可以永远立于不败之地。”

恽氏这番话，可谓切合局势之论。段祺瑞“再造共和”后的民国，北洋系的裂变愈加明显，皖、直、奉三大军阀集团隐成鼎足之势。皖系自是段祺瑞的亲军。袁世凯身后，因长期担任国务总理及其在洪宪闹剧时之“清誉”，段被南北视为公认的可以收拾残局之首选。加之门生故吏遍布北洋上下，段顺利掌控了北京政府实权。当然，段氏尚手握安徽、山东、浙江、福建、陕西诸省军队，实力稳居第一。直系则奉冯国璋为魁首。作为北洋元老、袁氏亲信，冯自进入民国后，逐渐占据了富庶发达的江苏之地，同时其心腹王占元、李纯出任湖北、江西都督，遂以长江为轴心，形成了直系的势力范围。奉系则是后起的新贵。借辛亥革命之机，张作霖崛起于东北，逐渐将实力扩张至东北全境。由于非北洋正宗，且长期处在关外，奉系在一段时期内未参与北京政府的权力斗争，反倒养精蓄锐、左右逢源。

故从纸面上看，冯国璋完全有底气同段祺瑞掰一掰手腕。而段祺瑞虽然不太愿意请冯国璋出任代理大总统，但较之更令他窝火的黎元洪，毕竟冯还算北洋同袍，之前又合力抵制过袁世凯称帝、驱逐过张勋复辟，所以在心理上勉强可以接受。于是为了督促冯老四就职，段祺瑞又施一计，命心腹靳云鹏南下游说。

靳之使命，就是努力撩拨冯之权力欲望。靳云鹏抵苏后，冯国璋的西花园便成为二人周旋密议之地。靳与冯本是北洋老相识，彼此知根知底，自然摸透了其心思，一次二人闲谈，靳故意卖弄似的说："总理曾经和我说，这一次冯四哥到了北京，一切的事都交给我，我敢担保冯四哥做一辈子总统！"又有一回，靳当着众多部属幕僚的面，即兴发表了一通"妙论"："北方的大局好比一个香炉，这个香炉有三条腿，大总统好比是这个香炉的一条腿，总理和东海（指徐世昌）是那两条腿，有了这样的三条腿，还怕香炉站不稳吗？段总理此次组阁表示必可听冯四哥的话，二人同心，其利断金！"听罢此言，冯虽然仅是面带微笑，没有明确表示，但心中恐怕已澎湃异常，决心北上就职了。

数日后，冯作出正式赴京上任的决定。临行前，生性狡猾的冯国璋向段祺瑞提出了三个条件：国务院秘书长的人选，除了徐树铮，任何人都可以同意；江苏督军的遗缺，必须由江西督军李纯调任，李留出的位置则由陈光远继任；任命自己的亲信张调辰任崇文门监督，张季煜任两淮盐运使。这两个可是一等一的肥差。

段祺瑞也出奇的爽快，一口应允了这些条件。不过段也不做亏本的买卖，借机将嫡系傅良佐任命为长江上游警备总司令兼四川查办使，段芝贵任京师警备总司令。

事事遂心，一一如愿，7月底冯国璋坐着专列奔赴京师。

"咱们老兄弟三个连枝一体"

8月1日，冯氏抵京。下车伊始，他先是拜会黎元洪，故作殷勤地力劝其复出回任总统。黎对其来意心知肚明，反过来明确表示冯国璋才是众望所归，自己体弱多病，不堪重任。是月底，黎便黯然离京。

摆平前总统，冯还不忘前皇帝。8月4日，冯特派内务总长汤化龙为大总统代表进宫答谢。据说当汤见到溥仪时，恭行三个鞠躬礼，大声说道："大中华民国大总统，谨派内务总长汤化龙，致谢大清皇帝，并敬问大清皇帝安好！"内务府总管世续代表溥仪也回礼道："大清皇帝谨谢大中华民国总统答礼的盛意，并回问大总统安好！"

接下来要做的，便是理顺北洋内部的关系了。离开南京前，在与幕僚的闲谈中，冯国璋也曾承认当前的北洋派系颇多，已不是往昔袁世凯在世时的北洋。但他相信此次入京代理总统，必能与段祺瑞融洽相处，不致重蹈府院之争的覆辙。他甚至表示，即使有了分歧，也可以私下说明个人意见和理由，在操作落实方面，当取决于总理，相信段也会这样做。冯这般自信，乃基于当年深厚的北洋情谊。据冯国璋之子冯家迈回忆，冯国璋、段祺瑞与王士珍自北洋武备学堂时便极要好。当年袁世凯升任山东巡抚后，三人一直伴其左右，形影不离。这"北洋三杰"每日白天一起办公，下了班，就经常一同到冯的住处谈天说地。其间冯家办了一个家塾，就读的学生除了冯家子弟，还包括段家的段宏业等兄弟六人。当时段祺瑞对待两家子女视如己出，在学业上都极为重视。冯家兄弟几人，都因为成绩不佳，受过段祺瑞的申斥甚至责打。当冯国璋生病时，医生所开药方，经常先要经过段的过目同意，才能煎给四哥吃。袍泽之情，由此可见一斑。

故冯国璋有信心将已分裂的北洋拼图重整于一。为此，冯国璋特意邀请段、王二人来府中大话家常，再叙友谊。聊到动情之处，冯紧握住段的手，亲切地说："以后咱们再也没有什么府院之争了。""咱们老兄弟三个连枝一体，不要分什么总统、总理、总长，我们是一体的，只求合力办事，一定能把事情做好！"

冯的愿望固然不错，希望三杰携手同心，期待以一出"将相和"的大戏迎来北洋发展的新高峰，但现实无情，一旦与政治结缘，往往兄弟归兄弟，权力归权力，最终沦落为"三个和尚没水喝"的闹剧。

"总理还不辞职吗？"

入京之初，冯、段双方尚能保持镇静，表面和睦。内阁每日专程派人到总统府呈送政情报告，保证冯及时了解国务院处理政务的动态与意图。于是在一般问题上，对于段之决策，冯大多睁一只眼闭一只眼，所以一段时间内总统府成为段内阁的"盖印机器"。冯国璋虽心有不甘，也顶多发发牢骚而已。譬如在段组阁时，有意让曾参与洪宪帝制的曹汝霖出任交通总长。待拿到名单后，冯非常不快，指着名单对在场的人大喊："你瞧，这张名单我能同意吗？连帝制余孽也要当阁员，太不像话了。芝泉真是胡闹，我准备把它退回去。"然而顾虑到府院团结，况且初来乍到，根基未稳，冯并没有真的将曹拿下。

然而忍一时易，忍一世难，积怨总会带来摩擦。冯、段双方在某一问题上吃亏，就千方百计地想在另一方面得到补偿，久而久之，裂痕愈来愈深，终于引发了第二次“府院之争”。起因在于双方对待南方的态度上。一直以来，对于南北关系，段祺瑞都是坚持武力统一的方针。此番二度复出，重新组阁，段一不要《临时约法》，二不要民国国会，三不要民选总统，这激起了西南几省和孙中山的强烈反对，两广首先宣布“自主”，声援孙中山“护法”。与段相反，自民初开始，冯便与陆荣廷、唐继尧等西南诸侯渐有默契，彼此密函不断，暗通消息，要以和平统一南北。其中冯国璋与陆荣廷还私下结为兄弟。有这层利益关系，冯上台后，力推“和平混一”方针，与段祺瑞针锋相对，于是终启政争。

欲平定西南，首要控制湖南，皖系首攻之地便是该省。当时为求自保，湖南全境掀起了“湘人治湘”运动，段祺瑞借势而动，派遣内弟、湖南籍的陆军次长傅良佐去接替省长谭延闿。虽说傅祖籍湖南，但从小生在北方，全无一丝湘人痕迹，况且他出自皖系麾下，所有人都明白其中猫腻。故傅氏虽口口声声保证“湘人治湘”“军民分治”“不带北兵入湘”三原则，但仍迅即引来湘省百姓抵制。

有道是唇亡齿寒，陆荣廷打电报给冯国璋，质问傅良佐此举意欲何为，并请他践行之前和平统一南北的诺言。义兄发难，冯着实尴尬，只好将电报转给段祺瑞，让他作答。依照段往日刚愎自用的性格，他自然不会卖冯国璋的面子，径直回电一封，表示“湘省易帅，良非得已，以傅易谭，盖亦几经审慎。傅本湘人，感情素通，断不至因更调而生携贰”。

段氏这番话，明摆着是颠倒黑白、翻云覆雨的老套路，陆荣廷勃然大怒，提醒西南诸省“湘督易人，北方疑忌西南之心昭然若揭，唇亡齿寒，急应力图应付”。9月初，湖南境内硝烟四起。18日，湘军林修梅、刘建藩分别在衡阳、零陵宣布湘南独立，傅氏已无法控制局势。

为坚决执行戡定西南战略，10月1日，段签署讨伐令，命王汝贤、范国璋兵发三路，剿灭南方军队。对此决策，冯国璋明确反对，并未在文件上盖印，以示抵制，这也就意味着从程序上讲，北京政府并没有正式颁布讨伐令。因此，时人评价道：“段内阁对外宣而不战，对内战而不宣。”

其后以湖南为主战场，南北双方兵戎相见，异常胶着，史称“护法战争”。10月20日，就在双方激战正酣之际，“长江三督”苏督李纯、鄂督王占元、赣督陈光远联名提出解决南北问题的四项意见：停止湖南战争；撤回傅良佐；改组内阁；整理倪嗣冲部。这堪称直系第一次公开反对皖系。虽然湖北、江西、江苏互不联结，但皖系用兵西南，必须跨过长江，是兵穿湘桂之孔道。此次直系居然与西南军阀遥相呼应，这是段祺瑞始料未及的，不得不放缓进攻节奏。

横遭“将军”，皖系并未慌乱，马上还以颜色。政客们开始把矛头直接指向冯国璋，散布谣诼，扬言皖系军人要发动政变软禁总统，同时倪嗣冲和张作霖准备宣布独立，在天津建立临时政府，拥戴另一北洋大佬徐世昌代行总统职权。仔细推敲该计划，倘若皖系真的囚禁冯国璋，那么无疑等于将直系逼上梁山，长江三督自然不是吃素的，肯定会与倪、张二集团死磕，到头来便是同室操戈、鱼死网破，北洋速亡，西南得利。所以段祺瑞铁定是不可能走这条路的。

不过这些流言却愣把生性多疑的冯国璋吓住了，使其心慌意乱、一夜数惊。10月下旬，冯频频让步，屡屡示弱，连续签发了几道罢免湖南军官的命令。到了11月6日，冯的郁闷情绪可谓淤积到了极点，他既担心皖系政变，身家不保，又害怕西南反目，信誉全失，思来想去，他还是同意将三道有关调动西南军阀陆荣廷入京，以及安插亲段军阀龙济光接任两广的命令交付印铸局盖印发表。之后内心甚是苦恼的冯越想越懊悔，半夜又命人到印铸局将三道命令追回。次日上午，许久未见总统命令发表的段祺瑞，询问印铸局，才知道冯临时变卦。段氏此时怒不可遏，全然不顾兄弟之情与上下之别，当即找到冯国璋，声色俱厉地责问其为何出尔反尔。冯国璋本已理亏，又被段的逼人气势所震慑，只好答应第二天盖印发表。至此，两人公开撕破脸面，一山终不能容二虎。

回过神来，冯岂能咽下这口气。他密遣女婿陈之骥赴湘，运作各路势力，引发皖系阵前倒戈，终将傅良佐赶出湖南。

至此，皖系南下计划顿挫。一时间停战声浪骤起，待各路通电到京，冯国璋马上命人送往内阁。有人向冯建言北洋军队擅自停战："此风殊不可长，总统以为如何？"冯一本正经地答道："问责任内阁！"此话很快传到段的耳中，他牵衣顿足地说："问我，我只有一个办法，辞职！"

前线失利，段祺瑞引咎辞职，可谓正中冯之下怀。一天，段祺瑞派秘书张志潭送来文件请总统盖印，冯竟脱口而出问了一句："总理还不辞职吗？"众下属颇感总统此话有些冒昧。张只得神情严肃地回答："辞呈就上来！"

22日，冯国璋准许段祺瑞辞职。二人斗法的第一回合告一段落。

其实纵观全过程，冯国璋胜不足喜，危机隐伏；段祺瑞败不足馁，杀招暗藏。

"绝无希望出山之意"

段祺瑞倒台，那么冯国璋还需另组新内阁。冯本属意陆征祥，谁料被严词拒绝。冯又找到了熊希龄与王士珍。然而熊、王二人并不配合。二人在总统府曾有这么一段很有意味的对话。熊先高声说了一句："我是绝不做冯妇的！"王马上接了一句："你不做冯妇，我倒可以做冯道！"熊紧接着笑容满面道："聘老（王士珍字聘卿）既然愿意做冯道，这件事还不好办吗！"此时，王只是微笑着一再地向熊拱手作揖，表示了"恳辞"的意思。由是冯的计划再度搁浅。

之后冯国璋单独又把王士珍请到府上反复劝说，王终答应以陆军总长的名义兼署国务总理。提到为何愿为冯老四扛事儿，王事后坦言："总统已经对我说了这样的话：'老聘，你还能看我的笑话吗？'你想，我除了勉为其难，还能有什么办法！"的确，王士珍绝对是勉为其难了，而冯国璋苦求王这么做，看来也是勉为其难了。

这两人如此“勉为其难”，依然抵不过段祺瑞的手腕，他就是要南北军阀同看冯国璋的“笑话”。这次，卷土重来的段祺瑞打出了一套“组合拳”，他先是于幕后发动曹锟、张怀芝、张作霖、倪嗣冲、阎锡山、陈树藩、赵倜、杨善德、卢永祥、张敬尧等北方十督齐聚天津曹家花园举行会议质疑冯的和谈决定，主张对西南用兵，并放出话来，如果总统不同意他们的要求，那么张作霖将举兵入关采取非常手段。

面对威胁，冯国璋实在无能为力，一方面将辛辛苦苦夺来的军事指挥权又交还给段祺瑞；另一方面想方设法安抚南方，表示和平统一方针不变。只是形势比人强，主战派一再逼迫冯下达讨伐令，以打破直、桂两派的攻守联盟。战则丢名，和则丧命，冯国璋急中生智，来了一招三十六计走为上计。1918年1月26日夜里，冯以亲征之名，坐上专车奔赴南京。皖系早就洞悉冯打算金蝉脱壳的小心思，28日上午，倪嗣冲便在蚌埠将冯拦下。二人相见，倪全然不顾礼数，劈头盖脸就是一通质询：“是战是和，你是当总统的，总统先有个主意，究竟你的主意何在？你为何不明白说出来？你和段总理已是数十年的老朋友了。可是，现在你只顾自己的总统地位，而不顾总理的面子，这种举动真令吾辈寒心！”忽遭倪嗣冲这般猛烈责难，冯国璋也是有苦说不出，只好返回北京，乖乖地再坐回“盖章机器”的位置。

不过形势发展到这一步，皖系与直系“不特于军事意见不一致，而于政治上之斗争亦至剧烈”，段祺瑞非把冯国璋轰下宝座不可了！根据1913年10月公布的《大总统选举法》，大总统任期为5年，那么从袁世凯这任算起，到1918年10月9日届满，新一届总统改选又当启动。握此法理依据，皖系旗下的安福国会紧锣密鼓地跑票拉票，而反观冯国璋，则是缺乏预备，一筹莫展。当年9月4日国会总统选举结果公布，总计436张选票中，徐世昌得425票，冯国璋只得下课！

愿赌服输，10月7日，冯国璋发布退职公告，文末写道："倘天心人意，尚可挽回，大局不久底定，国璋一生愿望，早已过量，绝无希望出山之意，天日在上，诸祈公鉴！"仔细回味，悲情之余，其心迹倒也不失坦荡。仅一年后，冯国璋病故。段祺瑞来冯府吊唁。此时冯之遗体尚未入殓，段毫无表情地走到遗体前，掀开盖帘，端详了一会儿遗容，便转身离开。不久，段派人送来一副挽联，挽词是：正拟同舟共济，何期分道扬镳。

想必段氏心中已有愧疚与遗憾。不过即使时光再回到当初，"虎豹"相遇，结局仍是分道扬镳而已。自古政争，又有几人能不反目成仇？

较之北方的袍泽斗法，此时的南方，孙中山仍为中国之独立富强上下求索。1918年夏，孙给列宁致电，祝贺俄国十月革命的胜利。中国的革命火种，也在这一年于更多国人心中燃烧开来。

（文/王学斌）

北洋三大派系
——皖、直、奉的兴衰

皖系当国：中央政府仅仅是个名分

1916年6月6日，袁世凯在举国一片唾骂声中恚恨而死。早已暗中分裂成各种团伙的北洋军阀，在其死后也就干脆明目张胆地正式分裂成了以安徽合肥人段祺瑞为首的皖系、以直隶河间（今河北河间）人冯国璋为首的直系和以奉天海城（今辽宁海城）人张作霖为首的奉系。他们瓜分了袁氏北洋的地盘，相互之间为了地盘和权力忽战忽和，将中国拖入了军阀混战的深渊。此时中国虽然还有所谓的北京中央政府，但早已成为一个空架子，根本号令不动也代表不了全国，更像是一个荣誉和名分，被这些北洋系出身的军阀争来夺去。而第一个获得这个名分的，就是皖系的段祺瑞。

昔日再现：段祺瑞的逼宫和上台

就本质上而言，北洋军阀和昔日的湘、淮军没有什么两样，还是一个以私人关系为纽带、以共同利益为基础的军事集团。而段祺瑞和冯国璋从小站练兵时代便追随袁世凯，凭借着两人过人的才干，深受袁世凯赏识和重用，得以成为其心腹。在袁世凯和北洋军阀集团处于事业上升期时，这两人的地位也水涨船高，而不少地方大员，带兵的师长、旅长或者镇守使，为了自身的利益都竞相攀附投靠，无形中在两人周围形成了各自的派系。当袁世凯在世的时候，这些派系问题还不甚严重；而当袁世凯死后群龙无首时，这两人资历、权势都相当，自然谁也不肯服谁，只能分道扬镳。

在袁世凯死后到直皖大战之前，皖系掌握了山东、山西、安徽、浙江、福建、陕西、甘肃、新疆八省以及热河、察哈尔特别行政区，淞沪护军使辖区；而直系则控制直隶、河南、湖北、江西、江苏五省以及绥远特别行政区、宁夏护军使辖区；奉系则将东北三省作为自己的基本盘。除此之外，还有许多小军阀，割据一省自称督军，割据一区自称镇守使。虽然直系控制了直隶，但北京政府的大权却一直握在段祺瑞手中。

段祺瑞（1865—1936），原名启瑞，字芝泉。他在加入北洋军阀集团后，获得袁世凯不同寻常的信任，并且连连破格提拔，这除了他过人的才干，还和他是淮军后裔有极大关系。段祺瑞的祖父段佩是淮军名将，首任台湾巡抚刘铭传的部下。段祺瑞早年又考入李鸿章的天津武备学堂，一直都在北洋系供职。有了这层渊源，所以在袁世凯1895年开始小站练兵之际，能放心大胆地任命段为自己的左膀右臂，后来还结成了姻亲关系。而段祺瑞追随袁世凯，也一直在北洋军阀中以袁的副手的形象出现。由于段祺瑞曾经留学德国，素有“军事学第一”的美誉，因此北洋系统的军事学堂，泰半都是他主持创立的。

搞军校培养人才，和这些未来将帅结成师生情谊，从而控制军队，培养出自己的实力，这在中国近代史上是一个屡试不爽的秘诀。段祺瑞也不例外，实际上北洋军的将领不是他的部属，就是他的门生，从而在北洋系中搞出了一个“小黄埔”——皖系。而这种雄厚的实力，又反过来保证段祺瑞在北洋系中屹立不倒的地位：陆军总长这种实权要职，段祺瑞或本职或兼任，从来没有被撤换过。

对于段祺瑞在北洋系中的这种尾大不掉的局面，袁世凯实际上也有所防备，一直在北洋系中培育冯国璋的势力作为平衡和牵制，维持着一种微妙的制衡关系。但在袁世凯复辟前后，矛盾则骤然激化。因为段祺瑞和冯国璋都有希望在袁后继承其地位，所以打内心深处不支持其称帝，在这点上两人的利益一致，使袁世凯无法再在两人之间搞平衡术。只能转而依靠一些其他手段：一方面扶植北洋中层威慑这些大佬；另一方面更是大搞特务政治，派人监视身在北京的段祺瑞，甚至动过干脆暗杀这个得力干将的念头。逼得段祺瑞只能避居家中，一如袁世凯当年在彰德（今河南安阳）般两耳不闻窗外事。

随着局势的发展，1916年3月22日，袁世凯在内外交困之下不得不宣布取消帝制，又回过头来找到段祺瑞和徐世昌，想让他们出任参谋总长和国务卿收拾残局。这时，熟悉的一幕又重新上演了：早就离心离德的段祺瑞，抓住这一机会漫天要价。他以不愿出马相要挟，逼迫袁世凯接受“和平解决南事”“暂缓扩大模范军”“恢复参谋部事权”三大条件，攫取了北洋政府的军事大权。随后，又借口要实行责任内阁，逼迫袁世凯取消总统府机要局、陆海军大元帅统率办事处和京畿军政执法处三大机关，彻底削弱了袁世凯对时局的控制能力。5月18日，冯国璋在南京召开集会讨论和战问题，袁世凯又似乎看到了一丝希望，觉得能保留自己的总统宝座。此时段祺瑞则将听命于他的陆军第一师从张家口调驻北京南苑和北苑，形成军事逼宫的局面。接着他又派自己亲信曲同丰赴陕西运作，将袁世凯的铁杆亲信陆建章驱逐，并策动山西阎锡山反袁，将袁世凯完全逼到了内外交困的绝路上。实际上，在袁世凯死前，北京政府的大权几乎已经落入段祺瑞之手，即便他不死，接下来也恐怕只能是再演一遍让位换取优待的戏码了。只是不知道袁世凯在临死之前有没有觉得，段祺瑞这些逼宫的行径，大有自己当年的作风?

分裂与割据的形成

袁世凯死后，段祺瑞凭借着自己身处中枢的优势以及长久攒下来的人脉，顺利地以北洋继承者的身份掌握了北京的中央政府大权。然而这个中央政府更可悲，段祺瑞连袁世凯打下的北洋江山都没有办法控制：直系的首领是和他向来不对付的冯国璋，袁世凯还在的时候就没有听过他的，袁世凯死后只因为其身在南京，对中央政权鞭长莫及才不得不放弃争夺，眼下更是不可能听从段祺瑞政府的号令；而奉系军阀地处关外，段也只能笼络，谈不上运用。最终段祺瑞这个北京政府能够号令的，其实也就只有自己皖系军阀控制的省份而已。

此外，由于北洋系中和段祺瑞地位平起平坐的人不在少数，因此段祺瑞在政府的控制上也没有办法像老袁一样直接力压各派，还得需要黎元洪这个大旗。黎元洪虽然懦弱无能，但好歹一直是民国的副总统。将他抬出来做大纛，无论是法理还是情面，在各方面都能交代得过去。段祺瑞很清楚，自己的实力已经远远不能与袁世凯相比，袁世凯尚且在中外一致的压力下垮台，如果真胆敢宣布自任总统，恐怕立马就有人从讨袁改为讨段了。所以他只能退而求其次，以国务总理的身份实际操纵政权。希望多少能够缓和一下国内紧张的气氛。但是国内分裂割据的形势已经形成，段祺瑞政府也很快陷入了更多内耗和纷争中，在这些泥潭中耗尽元气，寸步难行。

内耗与纷争：新旧约法与府院之争

袁世凯在镇压了“二次革命”之后，曾经搞了一个赋予自己全权的《中华民国约法》(“新约法”，1914年5月公布）以取代孙中山等人按西方民主共和思想制定的《中华民国临时约法》(“旧约法”)。而在袁世凯死后，“新约法”还有没有效力？是否要返回去实施“旧约法”？这些问题立刻就凸显出来。由于新旧约法在国家体制、总统权限上有很大差距，使得南北双方对此争论不下。而且更为紧要的是，南方起兵的法统法理是以“旧约法”为依据的，主张袁世凯违背旧约法叛国，所以他们起兵是大义之所在；而北洋系看到的则是法统的合法授受问题，维护“新约法”，就是在法统上维护北洋系拥有从清王朝接受政权的合法性。因此，在这个问题上，不管是皖系、直系，都不约而同地支持“新约法”，反对“旧约法”。冯国璋就根据清朝退位诏书中有“由袁世凯以全权组织临时共和政府”一句，公开宣称“袁大总统以清室托付……统治民国，授受之际本级分明”。而主持北京政府的段祺瑞，则以《大总统告令》的形式，宣布根据袁世凯遗嘱和“新约法”，黎元洪继任总统位。

新旧约法之争，不仅是一个法律问题，更是一个决定政权合法性的关键问题。就段祺瑞的北京政府而言，如果承认“旧约法”，将会给自己的统治带来不可承受的严重后果：承认“旧约法”，一方面，就要承认恢复旧国会，那么势必重演当年国民党占据议会多数，给自己统治添乱的局面；另一方面，北洋系的人大多和袁世凯有千丝万缕的瓜葛，按“旧约法”则袁世凯是叛国，那么北洋系诸人又将置于何地？北洋集团的统治又怎么进行下去？只是段祺瑞没有想到的是，经过了分裂之后的北洋政府实力大损，而护国战争之后全国对袁世凯和北洋政府的痛恨已经到了一个新高度，两者的力量早就发生了逆转。很快他就发现自己完全顶不住这股风潮，1916年6月25日，李鼎新领导海军宣布独立，不接受北京政府海军部的命令，感觉事态严重的段祺瑞万般无奈，只能接受了南方的建议，以黎元洪发布总统申令的形式宣布恢复“旧约法”。

新旧约法之争，可以说是段祺瑞政府和全国反北洋势力的第一次较量。从这次持续了一个月的争执中，所有人都看得出来，现在的段氏北洋政府实力不仅远不及逊清，就连袁氏北洋政府也大大不如。在袁世凯治理下，北洋政府还敢以武力为后盾，强行通过各种利北洋损地方的命令，而现在的北洋政府，其实也就是一个顶着中央政府头衔的大军阀而已。对于南方各种反北洋势力，它既没有心，更没有力量管了。

在解决新旧约法之争后，段祺瑞得以顺利地筹建北洋内阁，原以为可以实现自己的统治了，但是没想到外患才平，内争又起，这次和他作对的，居然是他抬出去做幌子的黎元洪。以黎元洪为一方的（总统）府方和以段祺瑞为一方的（国务）院方，为了权力分配和对德外交问题，展开了激烈的内斗。段祺瑞本以为自己有北洋军队作为后盾，又有日本在后面支持，可以将黎元洪玩弄在股掌之间，实现自己幕后的统治；而黎元洪虽然无兵无权，却以国会为依托，援引各种反皖系势力作为后援，进行了针锋相对的抵制。府院之争越斗越激烈，到后来居然引发了民国史上第二次复辟闹剧！

府院之争虽有当时北京政府政体不明、架构混乱的因素，但段祺瑞的亲信、时任国务院秘书长徐树铮，更是这次严重内耗的罪魁祸首。徐树铮自认为才具过人，又觉得有段祺瑞在后面撑腰，平时在和府方打交道时十分独断专行，就连代表段祺瑞去向黎元洪汇报，他也对这位民国元老呼来喝去，异常跋扈。甚至有些军国大事，他压根就不告诉黎元洪。如此积怨下来，黎元洪自然十分不满，事事加以掣肘和不合作，搞得段祺瑞狼狈不堪。1917年2月，德国升级无限制潜艇战，居然将万里之外的中国卷入其中，搞出了一场绝大风波。

“一战”中陷入困境的德国在升级无限制潜艇战之后，早就想插足欧战的美国借机在2月3日对德宣战，随即照会包括中国在内的许多国家要求一致行动。北京政府接到照会之后，在内阁会议上决定对德宣战。但黎元洪、冯国璋以及在野的孙中山、康有为等，则出于各种目的，相续表示反对。双方争执不下，一会儿段祺瑞以召集各省督军召开督军团的名义施加压力，一会儿黎元洪又是联络其他各派大佬，下令免除段祺瑞职务，搞得乌烟瘴气，混乱不堪，同时也给辫帅张勋带来复辟的机会。1917年6月14日，张勋带着5000名辫子军，借口调停府院之争进入北京。入京之后立刻发出最后通牒，要求解散国会，进行复辟。而段祺瑞则在张勋将黎元洪赶走之后，组织了一支讨逆军于7月12日收复北京，"三造共和"，再度出任国务总理，总算是结束了这场北京政府的内耗。

参战军与西北军：段祺瑞最后的努力

平定张勋复辟之后，段祺瑞再度登台组阁、掌握北京政权。在吸取了府院之争的经验教训之后，他在政治上更加下功夫，组织了一个安福俱乐部，吸纳了大量政界人物以达到控制国会的目的，又借口要参加欧战，取得了大量日援。但是痛定思痛，他还是深刻感受到自己在军事力量上的薄弱，体会到没有得心应手的嫡系部队的麻烦。因为在平定张勋之乱时，他是通过梁启超找日本借了100万日元，买通了驻天津马厂李长泰的第8师和廊坊冯玉祥这两支直系部队，才得以成功。所以，在又一次控制北京政府之后，他便积极地开始谋划筹建自己的嫡系部队，这就是参战军和西北军。

从理论上讲，参战军是参加了“一战”的中国派遣到欧洲战场的军队。但在段祺瑞看来，万里之外的欧洲死活显然不是自己关心的，近在咫尺的各地军阀反抗势力才是看得见的威胁。所以这支参战军一开始就没有被打算送出国，而是计划用来当作他的嫡系武装。由于段祺瑞和日本的接近，所以整个参战军基本上都是由日本提供经费、装备并训练组建的。1918年9月北京政府和日本签订参战借款，日本向段祺瑞政府提供2000万日元，用于编练三个师，每个师花费约600万日元，另加200万日元左右的附属机关开销。为了确保这笔钱能确实使用到位，日本人严格要求每次付款都要有参战军训练处的督练和军需课长签字盖章，才能领取。

在武器和装备上，参战军是全日械，甚至到了参战军直辖炮兵营连马匹都是从日本进口的地步。参战军第一师全师装备了日本三八式步枪，还配有日本四一式山炮。为了装备这些军队，段祺瑞还以北京政府陆军部的名义向日本先后签订了两笔总额高达3200万日元的军械借款，全部由日本泰平公司以军械形式交付。以此装备起来的参战军，不仅军械种类丰富，水平也相当先进。

在训练上，参战军也是完全按照日本陆军的模式进行训练。训练处下设教导团，分步兵、炮兵和工兵科，尤其还有深具日本特色的劈刺科，可见其课目设置上的日本化。按日式操典，参战军一年有三期的训练，每期约三个半月。第一期主要是连排单兵战术的操练，进行射击、基本战术和战斗、劈刺等项目的学习；

第二期则进行营团级战术训练，进行营以下级别的对抗演习以及各种实战技术；第三期则主要进行实战演习训练，如攻防训练、野营演习以及连级的基本战斗射击和炮兵训练。

除了参战军，段祺瑞还让徐树铮另行编练了4个混成旅的西北军。这4个旅的军队本来属于奉军，在1918年皖、奉蜜月时期，徐树铮任关内奉军副总司令，在秦皇岛搞了一批日械组建了5个旅，准备南下对付南方军阀。但是在皖、奉分裂之后，这5个旅就改编成了4个旅的西北军。依靠这支西北军，徐树铮趁外蒙内乱取消独立之际，一举出兵收复了分裂已久的外蒙，成为近代中国史上不多见的武力维护统一事件，也在段祺瑞北洋政府的统治史上，书写了为数不多的政绩亮点。

虽然以参战军和西北军的实力，尚不足以统一全国，但是用来维护自己军阀统治，还是绰绰有余的。这么一来，文有安福系国会、武有参战军和西北军，凭借这样的资本，段祺瑞和他的皖系军阀独裁统治总算是建立起来了。

直奉联手推倒皖系

1919年巴黎和会之前，段祺瑞手中的北京政府，虽然比起前两任已经大为逊色，但好歹还算是代表中国的中央政府，在对德宣战等问题上还能代表中国作出决定。但是战后的巴黎和会，他却没有办法争取中国合法利益。究其原因，本来段祺瑞政府参战就是幌子，他只希望借机练兵以维护自己。但此刻的中国早已经深深地卷入了整个世界大势中，段祺瑞光想着利用外国势力，但没有想到外国势力的剧烈变迁也同样会影响到中国。因此，段祺瑞政府对巴黎和会其实并没有认真思考过其中利弊得失，甚至允许了南方军政府代表王正廷参加和会。而等到和会中对中国不利的消息陆续传来，全国人民群情激奋时，段祺瑞先以强硬对付，看到广大人民的力量之后又惊恐不安，完全进退失据，一再应对失措。最终，轰轰烈烈的五四爱国运动爆发，整个段祺瑞政府遭受了沉重打击，在国内丧尽民心，不得不在直系的打击之下，黯然退出了历史舞台。

1918年秋冬之际，在看到皖系军阀狼狈不堪的状况之后，直系的曹锟（直隶）、李纯（江苏）、陈光远（江西）、王占元（湖北）和奉系的张作霖（奉天）、鲍贵卿（吉林）、孙烈臣（黑龙江）结成了七省反皖同盟，以清除皖系中最招人讨厌的徐树铮为借口，合力发动倒皖战争。到了1920年，已经继冯国璋为直系首领的曹锟，怂恿其爱将吴佩孚率第三师自湖南南部撤回北方，当他们路过湖北时，王占元送上军饷60万元。拿到钱之后吴佩孚军士气大振，公然向段祺瑞、徐树铮发出挑战书，并于6月9日抵达郑州，摆出要和皖系军阀作战的态势。这时张作霖也借口北京空虚，派遣4个营进驻廊坊。7月9日，直系以讨贼军的名义通电，对皖系军阀宣战。7月14日晚，直皖战争正式爆发。就在皖系积极备战的同时，奉系又根据七省反皖同盟加入了讨贼军中，这大大出乎了段祺瑞的意料，使他寄希望于奉系协调谈和的美梦破灭，也极大地打击了皖系上下军心。19日，段祺瑞通电辞职。所以，直皖战争实际战事仅仅进行了一周。到7月24日，就以直奉联军大获全胜而告终。19日，段祺瑞辞职下野，余下的皖系军阀势力陆续或被解散，或被吞并，逐渐从历史的舞台上消失。而此时的直系和奉系，虽然取代皖系成为北京的主人，但他们之间的矛盾，注定是不可调和的，很快，这对今日的盟友，就要在战场上兵戎相见了。

（文/李思达）

直系军阀的兴衰与裂变

直系军阀脱胎于袁世凯的北洋军阀集团，其建立者冯国璋位列“北洋三杰”之一，与皖系军阀的建立者段祺瑞同为袁世凯的左膀右臂。袁世凯任大总统期间，冯国璋任江苏都督，坐镇于外；段祺瑞任国务总理，主政于内。当时，主政江苏的李纯和湖北的王占元均系冯国璋旧属，他们的政治理念相通，同气连枝，这三省督军被人们称作“长江三督”，隐然在北洋军阀内部形成了一个小团体。

直系军阀的形成

袁世凯死后，段祺瑞以国务总理身份主持政务，冯国璋当选为副总统。1917年张勋复辟失败后，冯国璋带两师兵力入京，代理大总统职权，调李纯来南京接任江苏督军，又调其旧属陈光远继任江西督军，形成了冯国璋在中枢主持大局、长江三督在外相呼应的格局。因这个团体的核心人物大多为直隶省人，故被人们称为“直系”。当时正值南北因法统之争引发了护法战争，直系主张“和平统一”，以段祺瑞为首的皖系则主张“武力统一”，两系针锋相对。

在直皖争雄期间，北洋军阀内部各个大大小小的军头形成了为数众多的小团体，相继依附于直系或皖系。因此，直系与皖系两个军阀大集团实际上均是由各个军阀团体加盟而成的。不少小军阀就游走于两者之间，趋利而行。比如，第3师师长曹锟，他的实力基础是北洋六镇之一的陆军第3师，他的助手吴佩孚善于治军，有“常胜将军”之称。曹锟把军务都交给吴管理，自己主要在政治舞台上纵横捭阖。曹锟在政治主张上忽而附和直系，忽而附和皖系，待价而沽，并取得了直隶督军的位置，成为直皖两系竞相争取的对象。1918年在湖南对护法军的战场上，吴佩孚指挥军队打败了护法军，挽回北洋军的不利战局，曹锟、吴佩孚声名鹊起，为时人所看重。

1918年冯国璋在与皖系的争斗中被迫下台，并于次年去世，直系陷入群龙无首的境地。这时，曹锟与皖系集团因利益问题产生诸多分歧，与皖系渐行渐远，政治立场渐趋与旧直系一致，他对南方的政治主张也从主战变成主和。当时，直系的长江三督中坚人物为江苏督军李纯，其次为王占元，最弱为陈光远。但长江三督远离中枢，都以拥兵自保为重，因此李纯难以成为直系集团的新领袖。曹锟在取得直隶地盘后，把直隶原有地方部队整编为5个混成旅、3个补充旅和1个卫队旅，加上地方守备队，总兵力约6万人，成为直系中最大的军事团体。且曹锟本人在北洋集团中资格颇老、地盘又靠近京畿，使他的影响力超过了旧直系的长江三督，成为取代冯国璋这个直系“共主”的最大热门人选。

“贿选”背后是实力巅峰

1919年秋冬，直系控制的直、苏、鄂、赣四省与奉系控制的东三省组成联盟，河南督军赵倜加入后，使联盟达到八省，他们联合对抗控制北京政府的皖系当局。次年春，曹锟在保定举行八省联盟会议，支持南北议和，宣布“安福系”罪状，准备和皖系决裂。同时，吴佩孚在湘南前线与南方护法军秘密媾和，率领直军主力撤防北上，回到直隶。7月11日，直皖战争爆发，皖军兵力虽众，但军事素质与战略战术均逊于直军，加上有奉军入关助直，使皖军腹背受敌，仅一周的时间就全线溃败，段祺瑞宣布下野。

直皖战争后，北京政府实际上被直奉双方所控制。曹锟出任直鲁豫巡阅使，驻节保定，遥控政局；吴佩孚为巡阅副使，率第3师驻洛阳练兵，居中调度。曹、吴一面将原皖系军队接收改编，一面将自己属下的各混成旅扩编为师。到1920年下半年，曹吴集团直接控制的主力军队包括计10个师、6个混成旅，兵力超过10万人。

在此后两年，直系势力一直在扩张。1921年7月，直系派第20师师长阎相文带兵入陕，驱逐原属皖系的陕西督军陈树藩，就任督军。不久阎相文自杀，第16混成旅旅长冯玉祥成为陕西督军，并把部队扩编为第11师。同年7月，因湖北督军王占元倒行逆施引起人民不满，主政湖南的赵恒惕乘机联合川军进攻湖北，王占元连吃败仗。曹吴集团凭借北京政府的名义，逼迫王占元下野，由吴佩孚带兵“援鄂”，击败湘、川联军，攫取湖北。吴佩孚随之出任两湖巡阅使，其部属第25师师长萧耀南任湖北督军。1922年，由北洋军控制的江西、福建两省因政局变动，以及南方孙中山政府发起的北伐而陷入危局，曹吴派第1师师长蔡成勋援赣，又派第2师师长孙传芳、第12师师长周荫人援闽。

1922年5月，直奉双方在对北京政府的控制权上发生根本分歧，大打出手，这就是第一次直奉战争。吴佩孚指挥直军10万人在京津一线迎击奉军12万人。奉军虽在兵力与武器装备方面占优，但官兵素质良莠不齐，仅10天即遭惨败，退出关外。同时，河南督军赵倜起兵响应奉系，但被从陕西来援的冯玉祥部击败。

直系打败奉系后，声望达到顶点，至1923年，直系控制的地盘包括直隶、河南、陕西、江苏、湖北、江西、福建、热河、察哈尔九省（区）。另外，还有山东、山西、安徽、甘肃、新疆、四川、绥远等省区也纷纷归附，以直系唯马首是瞻。其时，国内与直系为敌的仅剩下奉系的张作霖、南方的孙中山及在浙沪地区的皖系残余卢永祥三支力量。

在直系独大的形势下，曹锟企图谋取总统宝座。他先是在1923年6月迫使总统黎元洪离京，接着又在10月以贿选的方式被“选举”为大总统。

曹锟政府的崩溃

在直系如日中天时，内外矛盾也加剧起来。在外部，张作霖、孙中山与卢永祥结成了反直三角联盟；在内部，吴佩孚固然勇武过人，但气量狭小，他所看重的部下都属于缺乏主见、较为“听话”的人，对于有想法的人则难以相容。如冯玉祥、王承斌等，屡受压制和排挤，他们都对吴恨之入骨。

1924年，被孙传芳、周荫人从福建赶出来的皖系残余臧致平、杨化昭两部被卢永祥收留。江苏督军齐燮元以此为借口，于8月发动对卢永祥的攻击，此即江浙战争。醉心于“武力统一”的吴佩孚一面从直系控制的各省抽调军队援齐，一面令孙传芳从福建攻浙。孙传芳军偷越仙霞岭，迅速攻占浙江，卢永祥失败下野，浙江、上海落入直系之手。

奉系张作霖经过两年的整军经武，实力大有提高，他以支援卢永祥为名，于9月发起第二次直奉战争。奉军总兵力20万人，其中投入前线的有12万人，分别向山海关和热河方向进攻。

吴佩孚把在前线参战和守卫京津一线的直军分为3个军、近12万人，另有各省派出的10路援军，总计参战兵力达20万人。然而，直军第3军总司令冯玉祥在战前已与陕军第1师师长胡景翼、第15混成旅旅长孙岳密谋。10月20日，冯军从前线秘密开回，一举控制北京，把曹锟软禁起来。冯、胡、孙随即通电全国，成立“中华民国国民军”，并电邀孙中山北上共商大计。在直东的直军主力受到奉军与国民军的夹击而溃败，除吴佩孚带少数部队乘军舰南逃外，直军大部被奉、国双方军队缴械。不久，奉、国两方推举段祺瑞复出，担任临时执政。

吴佩孚逃回洛阳后，国民二军胡景翼部南下攻取河南，陕西督军刘镇华也派憨玉琨东出趁火打劫。吴佩孚继续南逃，胡、憨两方为争夺河南又爆发了战争，胡景翼最终取胜，得到河南地盘。吴佩孚先是逃到河南的鸡公山，后为国民军所迫，南下湖北。但其旧属萧耀南怕惹祸上身，不敢收留，吴最后率少数卫队，乘“决川”“浚蜀”两舰，来到湘北的岳州，受主政湖南的赵恒惕保护，蛰居于此，等待时机。

昙花一现的“讨贼联军”

1925年，奉系的势力在关内不断扩张，除了在直奉战争后取得的直隶省和热察两区外，又先后得到山东、江苏和安徽三省，引起其他各方军阀的侧目。除旧直系残余各省对奉系的扩张抱有戒心外，国民军与奉系的关系也趋于恶化。10月，浙江军务督办孙传芳首先发动反奉战争，驱逐上海和苏皖两省的奉军。不久，冯玉祥也密结郭松龄倒奉，与奉系决裂。一时，旧直系与国民军各方纷纷致电吴佩孚，推举其出山，领导反奉大局。10月21日，吴佩孚在汉口通电宣布出任川黔桂粤湘浙闽苏皖赣鄂豫晋陕十四省“讨贼联军”总司令。

吴佩孚对于一年前冯玉祥的倒戈耿耿于怀，始终不肯谅解。因此复出不久就把“讨贼”的矛头指向国民军，反与奉系暗通款曲。1926年1月，吴佩孚指挥“讨贼联军”进攻河南，胡景翼的继任者岳维峻措置失宜，全线崩溃，河南落入吴佩孚之手。之后，吴佩孚派刘镇华进攻陕西的国民军余部，自己率兵继续北上，与张作霖、张宗昌会盟，控制北京政府。6月，吴军联合奉军、鲁军向国民一军控制的南口发起进攻，经近两个月的激战，国民军失利，退往西北。

吴佩孚的“讨贼联军总司令”名头很响，号称控驭十四省，实则多为各地大小军阀拉大旗作虎皮，借助吴的声望而已。真正听命于吴的一开始只有湖北一省，之后又取得河南，南口战役后占据直隶一部，加上刘镇华占据的陕西一部，总计也就只有两个多省的地盘。由于吴佩孚的嫡系部队都在直奉战争中覆灭，他不得不借助各个大小军头的军事实力，靠着自己旧有的威望以及封官许愿等方式羁縻各派小军阀。吴佩孚属下的“讨贼联军”大致可分为6个集团，湖北有讨贼鄂军总司令陈嘉谟指挥的原萧耀南部直鄂军队，以及长江上游总司令卢金山统率的鄂西旧直军两大集团；河南主要有讨贼联军副司令兼河南省省长靳云鹗、讨贼豫军总司令寇英杰分别率领的两大集团，以及毅军总司令米振标的一个独立小集团；此外还有由陕甘总司令刘镇华率领攻陕的旧部镇嵩军集团。“讨贼联军”总兵力达20余万人。

在南口战役即将结束时，国民革命军从两广出师北伐占据湖南，兵锋直指湖北。吴佩孚急忙带兵南下，结果于8月底在汀泗桥、贺胜桥惨败。9月初，鄂军第2师师长刘佐龙在汉阳归附北伐军，吴佩孚仓皇北逃。吴军将领刘玉春、陈嘉谟困守武昌，一个月后被歼灭。

吴佩孚失去湖北后退守河南。此时吴军内部矛盾重重，寇英杰主张联奉，靳云鹗主张反奉，两派互不相让。吴佩孚虽两次撤去靳云鹗的副司令职务，但由于军事力量大半都在靳手中，又不得不把靳请回。

1927年春，奉系以救吴“讨赤”为名，派主力南下，企图乘势吞并河南。2月，奉军进攻河南，将各地的吴军缴械，并渡河占领开封。吴佩孚无力驾驭局面，只得再次起用靳云鹗，交出兵权。3月，靳云鹗把吴佩孚属下的“讨贼联军”改编为“河南保卫军”，对奉军发动反击，但遭惨败，被迫退守豫南。吴佩孚见大势已去，带领少数亲信与卫队南逃，最后入川往依四川军阀杨森。

吴佩孚离豫不久，武汉国民政府派军队继续北伐，进入河南。同时，冯玉祥率领的国民联军也打败了刘镇华，解西安之围，东进河南。入豫的奉军随即被北伐军击败，退出河南。原在河南的“讨贼联军”旧部除一部分投靠奉系外，大部分被武汉政府及冯玉祥改编。“讨贼联军”从兴起到覆亡，只不过短短一年半的时间。

异军突起的“五省联军”

“五省联军”为直系军阀孙传芳所建立，孙传芳原为湖北督军王占元的部属，王占元倒台后被吴佩孚任命为陆军第2师师长，与第12师师长周荫人带兵援闽。孙、周军队到闽后，孙传芳当上了福建军务督理，稳住了阵脚，并逐步清除了皖系残余势力。1924年孙传芳把福建军务督理让给周荫人，自己奉曹吴命令参加江浙战争，并袭取浙江就任浙江军务督理。

第二次直奉战争后，奉军南下，消灭了齐燮元的势力，占据江苏和上海。孙传芳收敛锋芒，一面向临时执政府表示归顺，一面与苏沪的奉军军长张宗昌虚与委蛇，保住浙江地盘。

1925年10月，孙传芳借关内各方反奉气氛，暗结东南各省的旧直系势力和地方军阀，赶走苏、皖两省的奉军，自称“浙闽苏皖赣联军总司令”，此即“五省联军”的成立。

孙传芳把联军的大本营设于南京，将原来各省的军务督理、督办都改称为总司令。孙传芳直接控制的有江苏、浙江和安徽三省，其中苏军总司令由自己兼任，浙军总司令为其亲信部将卢香亭，皖军总司令由听命于己的苏军师长陈调元调任。闽军总司令周荫人、赣军总司令邓如琢均非孙传芳的直接部属，属于加盟性质。到1926年春，孙传芳将自己控制的三省军队统一整编为8个师、12个混成旅、1个炮兵旅和4个独立团，共计15万人，加上闽赣两省军队，总兵力超过20万人。

1926年9月，北伐军进攻江西。孙传芳率领联军主力驰援邓如琢，双方各投入10余万兵力，激战甚烈，南昌几度易手。11月初，北伐军发动总攻，“五省联军”全线崩溃，江西丢失。与此同时，福建的周荫人也被另一路北伐军打败退出福建。孙传芳失去两省地盘后，将剩余部队改编为15个师又14个混成旅，并于11月下旬只身北上天津，向奉系输诚，推举张作霖为安国军总司令，孙传芳为安国军副司令兼五省联军总司令，张作霖指派张宗昌支援孙传芳。此时，北伐军已向孙传芳的地盘发起了进一步攻势，一路占领浙江，一路进入安徽，皖军总司令陈调元率部易帜，加入南方阵营。

1927年春，北伐军分数路向江苏发动总攻。孙传芳因接连失败，被迫请张宗昌率“直鲁联军”接防江南，自带“五省联军”退往江北。3月，北伐军占领南京。“五省联军”与“直鲁联军”节节失利，于5月退入山东。8月上旬，“五省联军”配合“直鲁联军”展开反攻，打败了蒋介石的北伐军，重占徐州，再次进至长江北岸。同月底，孙传芳乘蒋介石下野之机，集中联军全部兵力渡江偷袭南京，但在龙潭遭到重创，损失四五万人，元气大伤。

到1927年底，江北各地又陆续被国民革命军夺去，孙传芳再次退入山东。此时孙传芳的军队从这年7月起已不再用“五省联军”的名称，而是加入了奉军序列，改称安国军第1方面军团，孙传芳任军团长，下辖4个军，总兵力约5万人。

1928年4月，二次北伐开始。孙传芳的第1方面军团协同张宗昌在山东方面作战，失败后退往直隶。6月初，北伐军占领北平、天津。孙传芳见大势已去，在天津通电辞职，并令副司令郑俊彦率领部队向北伐军输诚。6月10日，孙军残部3万余人，由阎锡山收编为国民革命军第3集团军第5军团，郑俊彦任总指挥。12月，该军团被编遣为国民革命军陆军第47师。“五省联军”自此消亡。

“新新直系”：西北军的兴亡

冯玉祥于1924年10月在北京发动事变后，与胡景翼、孙岳共组国民军。国民军由冯玉祥任总司令兼第1军军长，胡、孙分任第2军、第3军军长。这标志着冯玉祥正式脱离直系，开始自主发展。

国民军第1军成立后，冯玉祥靠着原本的1师3旅以及受降的大量直军俘虏，以占据的京、察、绥、甘四地为基础，迅速将部队扩编到14个师又2个旅，并成立空军，总计15万人。此外，他还与苏联取得联系，通过苏方援助的军火来改善所部装备。

1925年1月4日，冯玉祥就任西北边防督办，所属部队也陆续改编为西北陆军，“西北军”名号也随即传遍全国。然而，冯玉祥所占据的地盘大多贫瘠，部队给养变得越发难以维持，再加上国民第2军和国民第3军的迅速衰败，使原本的三角联盟转变为孤军奋战。

随着吴佩孚与张作霖合作的再次展开，冯玉祥的西北军陷入了南北夹击的不利境地。为保存实力以及转移吴、张视线，冯玉祥被迫于1926年1月9日通电下野，将部队交由张之江“善后”。但此举并没有延缓“讨赤”联军的步伐，在五路大军进逼北京的情况下，国民军又被迫于4月退出北京，将主力集结在南口地区。

1926年5月，“讨赤”联军兵分数路，在延庆、赤城、独石口、沽源、多伦和南口等地向国民军发起猛烈进攻，其中以南口争夺最为激烈，双方都为此投入重兵，往返争夺。经过3个多月的鏖战，国民军终于在8月15日下达了总退却令，向绥远突围，沿途又不断遭到截击，损失惨重，手下战将如韩复榘、石友三、张自忠等也都纷纷投奔阎锡山。

国民军残部在绥远经过重整后，冯玉祥于9月17日在五原宣布就职国民军联军总司令，他将所属残部以及又重新归队的韩、石等部重新编组为7路，每路辖2个到3个师。冯玉祥决定“平甘援陕，联晋图豫”。在此方针下，他以第4、第7两路平定甘肃，调两个师占据宁夏，集中主力驰援被吴佩孚“讨贼联军”刘镇华部包围达8个月的西安。11月28日，西安之围被解，困守西安的原国民第2军和国民第3军余部如杨虎城、李云龙等部随即加入联军，元气大伤的刘镇华也被迫依附。

在底定陕西，并占据甘肃、宁夏之后，冯玉祥将所属部队扩编为26路（不久又改路为军），并于1927年4月6日宣誓就任国民革命军第2集团军总司令一职，率部参加北伐，开始了“联晋图豫”。

冯玉祥重新崛起的同时，吴佩孚的部队在湖北遭到北伐军重创。为了迅速占据河南，冯玉祥派出重兵攻豫，直系余脉靳云鹗的河南保卫军见大势已去，纷纷向西北军输诚。冯玉祥得此助力，将所部编组为8个方面军（后又陆续增编第9、第10方面军），第1、第2、第3、第8四个方面军在河南作战，其余部队坐镇后方平息不断发生的叛乱。在经过两次兰封大战后，重创进入河南的奉军和直鲁联军，于1928年3月占据河南。

在与直、奉作战期间，冯玉祥派出张树声为“徐海一带招抚使”，负责收编招募各方势力加入第2集团军。至1928年4月，第2集团军仍有约50万人（其中嫡系部队约30万人）。

北伐战争结束后，国民政府召开编遣会议决定裁撤军。根据计划，已经坐拥河南、山东、陕西、甘肃、宁夏、青海六省的第2集团军应在第一期整编中缩编为25个师、9个旅，在第二期继续缩编至12个师。按此计划，第2集团军在完成整编后将只能保存20万人，这对于冯玉祥来说是无论如何都无法同意的。因此，在第一期整编进行时，冯玉祥就与阎锡山、李宗仁等实力派相互联络，此后更是先后编成各路“护党救国军”进行反蒋战事。

在经过蒋桂战争、蒋冯战争、蒋唐战争，以及中原大战之后，蒋介石击败各路反蒋实力派，再次在名义上统一了中国。而冯玉祥则在反蒋战事中彻底失败，他的部队先后接受南京国民政府的改编，这些部队主要有韩复榘的第3路军、吉鸿昌的第22路军、梁冠英的第25路军、孙连仲的第26路军和宋哲元的第29路军等。

至于冯玉祥本人，则避居泰山。此后他虽几次复出，终因失去旧部支持而告失败。西北军这个团体也就此宣告解散。

（文/马雷　胡博）

张作霖：从“胡子”到国家元首

东北人管土匪叫“胡子”，1924年直系军阀被推翻后，段祺瑞在天津搞庆祝招待会邀请冯玉祥、张作霖等。冯在赴宴之前特意把八字胡刮掉了，有人问他怎么把胡子剃掉了，他高声回答：“胡子不能要，非去不可。”孙科在《八十略述》中也说：“从前听说张作霖是土匪出身，以为他粗鲁剽悍，及见面之后，方知他长得非常清秀，个子不高，不像土匪一类的人物。”可见，在人们心目中，张作霖身上总是被贴上“胡子”的标签。

1923年，《密勒氏评论报》的主编鲍威尔专访张作霖，询问他曾在哪里读过书，张回答：“绿林学校。”一个没读过几天书的“大老粗”，最终却因缘际会，成为说一不二的“东北王”，还曾一度问鼎中原，左右全国政局。可以说，在北洋军阀诸派系中，奉系军阀是最具“励志”色彩的。

确和土匪脱不开关系

绿林出身的张作霖接受招安而变成官府的正规军，流传最广的是他主动设计招安的故事。张作霖不想浑浑噩噩当一辈子土匪，想名正言顺地成为“国家公务员”。1902年，当他听说盛京将军增祺的三姨太沈夫人正要从他的地盘经过，他便和同伙密谋劫持：他派手下汤玉麟率领一伙人扮成土匪在其必经之路设伏打劫，就在美人受难之际，张作霖带领另一伙人杀出，将沈夫人救下。英雄救美的戏码虽然老套，但用起来屡试不爽。救下沈夫人之后，张作霖又百般献殷勤，并表示愿弃暗投明，想在增祺麾下效力。沈夫人早就听闻张作霖大名，本以为是杀人不眨眼的悍匪，没想到却是一个彬彬有礼的有志青年。张作霖护送她安全回到盛京，还赠送了许多金银财宝。通过三姨太的“枕边风”，增祺很快就答应对张作霖进行收编。张作霖摇身一变，完成了从绿林到官军的“华丽转身”。

这则故事最早见于宁武的回忆，宁武曾担任过张作霖的副官，1908年加入同盟会，参加过东北辛亥革命，后追随孙中山进行民主革命。所以在很多张作霖的传记里，都采用了这个说法。但是，从现有资料上看，这种说法更像是一个杜撰出来的精彩故事。

张作霖小时候因为家里穷读不起书，当时有位名叫杨景镇的私塾先生，曾几次看到一个小孩在窗外偷偷听他讲课，便把他叫进来，小孩说：“我叫张作霖，我想念书，但家里穷，上不起学，因此常在这里偷听。”杨先生觉得小孩看起来天资聪颖，说不定能成大器，决定不收学费让他随班就读，还免费提供书籍和纸笔。但张父好赌，因赌桌上的纠纷被人误伤致死，紧接着张作霖的哥哥张作泰又患病夭亡，他被迫停止学业，走上社会。张作霖后来发家后，也知恩图报，特地派人把杨先生请到家里开私塾，让子女如张学良等跟着杨先生读书。

当时的东北，天高皇帝远，政权难以覆盖广大乡村。连年的兵祸，进一步造成基层权力真空，盗匪横行，民不聊生，底层民众不得不奋起而以武力自卫。张学良晚年在自述中说，父亲曾在宋庆的毅军短暂栖身。中日甲午战事平息，毅军回防关内，张作霖不舍乡土，脱离军队返回老家辽宁新民，娶了张学良的生母赵氏，并在岳父的帮助下，与张景惠、张作相、汤玉麟等共同组织了一个小型的地方武装——保险队。

活跃于各地的保险队、保卫团是民众在乱世当中为求自保应运而生的一种民间自治组织，负责维持地方治安，收取保护费，性质上类似于黑社会。不过众多史料指出，张作霖经营的保险队拒匪盗、防绑架，在当地口碑不错。所以，有人认为，张作霖其实并非土匪出身。但当时的保险队、保卫团泥沙俱下，有些就是干着打家劫舍的土匪勾当，非要说张作霖是土匪，恐怕他也洗刷不掉。何况在这种权力真空下，张作霖的保险队在保境安民的同时，为壮大自己的实力，越界打个劫什么的也是常有的事儿。

从绿林到官军

清政府对东北各地的各种保险队无力管理，只能采取剿抚并用、以抚为主的方针。张作霖帐下有一批文人士绅，认为从长计议，接受招安才是出路。在张作霖被招抚之前，已经有许多势力被清政府收编，不过这些人往往“抚而复叛”，令清政府非常头疼。面对良莠不齐的各种非法武装，官府在招抚的过程中也不得不慎重，要对保险队头目的出身、经历、人品进行严格考查，并要求由当地士绅和富商以个人财产及身家性命作担保，如果地方官府收抚的私团首领一旦出现反叛行为，知府、知县以及具保的绅商都是要被上司追究责任的。

沈阳市张氏帅府博物馆馆长曲香昆介绍，地方当局对张作霖表示收抚之意，这一时间最晚应该是1902年春。而张作霖在官府考查的将近一年的时间里，也极力表现，为八角台保险队赢得了良好的社会声誉。他参照官兵纪律，对团丁进行训练，除赌盗案自行管理外，地方民事、刑事案件一律送官府裁决，地方官员对他也颇有好感。在张作霖被招抚的过程中，当地举人刘春烺、盛京宗室学汉教习张程九等文人士绅也积极向官府进言，替张作霖说话，为他具结具保，起到了举足轻重的作用。

经过一段时间考查，官府对张作霖的评语是："素为众所推服，其投效情殷，无心疑贰。"虽然如此，增祺还是要考验一下张作霖，他开出了条件：要求张作霖配合官府严密会剿杜立三、海沙子（阎海山）等党匪，并许下承诺："倘能奋勇打仗，擒斩著名巨匪，尤当破格擢用。"

关于匪首海沙子的死亡，张学良晚年口述历史中有张作霖与其决斗的记述，颇有传奇色彩。海沙子当时势力很大，向八角台的张作霖要保护费，并叫嚣："你要不给我钱，那我就打。"张作霖说："我在这个地方负有责任，我拿人家的钱，咱们一打的话，就把这个地方打混乱了。不如咱们俩对打好不好？你的人在这边，我的人在那边，咱俩开枪对打，你如把我打死了，那我这地方归你；我若把你打死了，那你的部下都归我。”结果，两人对决，张作霖一枪就把海沙子打死了。

这个单挑故事讲得绘声绘色，但曲香昆在查阅档案时，却发现了另一种说法，在《增祺札转总巡璞玉密调八角台练长张作霖等队会剿海沙子情形禀》(见《奉系军阀档案史料汇编》)中写道：1902年10月初，海沙子、三只眼（齐海龙）、杜立三、萧汉臣、徐子杨、陆海川等伙党共有400多人四处作乱，烧杀抢夺。当时，新民厅官员带领官兵450人及张作霖之会勇100名，对他们进行了堵击剿捕，击毙贼首海沙子、徐永和、陆海川、辛洛疙瘩及伙党40余名。

在此次会同官兵剿匪中，张作霖应官府之密调令带会勇100人参战。在战斗中，张作霖力破重围，右腿受枪伤一处却未表现，亲手击毙了罪大恶极、臭名昭著的匪首海沙子，通过了官府的考验。为此，盛京将军增祺同意了八角台保险队收抚后仍由张作霖统领的要求，明确指示“此降队仍交该练长等暂行分带”，确定了张作霖被招抚后的地位。此役的胜利，也保证了张作霖能继续掌控自己的武装。1902年11月，张作霖所部250人被编为“新民府警前营马队”。而反观之前收降的杜立三，其队伍仅允许留下40人，还被拨归至瑞禄手下，完全失去了原有的独立性。而金寿山、杜立三在被招抚后也很快复叛。

抚而复叛的辽西巨匪杜立三势力非常强大，据说他的枪法精准，马上功夫过硬，盘踞在地处辽阳、新民、海城三地交界处的“三界沟”。山高林密，地形复杂，易守难攻。张作霖在被招抚之前，曾与其发生冲突，后经人调节，两人不仅和解，还结为“金兰之好”。张作霖在接到剿灭杜立三的命令后，认为对杜立三只能智取。他派人向杜立三贺喜，说奉天东三省总督府派员来向他招抚，请他速来新民府拜见委员，筹备晋升事宜。但狡猾的杜立三没有接受张作霖的邀请。

张作霖见杜立三不肯前来，又请出杜的同宗叔父杜泮林。杜泮林是个读书人，深得杜立三信任。张作霖将杜泮林接到新民府，并引见徐世昌的特使殷鸿寿，证明此番确实是招安。一番操作后，杜泮林信以为真，慨然挥笔写了一封信，晓之以理，动之以情。杜立三见到叔叔的亲笔信，也认为有道理，结果中了张作霖设下的圈套，在新民府被诱杀。

在接受招安的时候，张作霖就曾对官府明言，要升官发财。这当然是他的心里话，但这并不等于他做人没有原则，他很讲究江湖义气、良心道德。不过对诱杀杜立三，卖友求荣这事，有人认为他并不在乎江湖道义。实际上江湖义气只是他维系内部的一种精神，杜与张属于两个山头，结拜也只是暂时的和解。诱杀杜立三不仅给张的势力带来莫大的好处，而且并没有在集团内部破坏张的“义气”形象。到1907年春，他先后击败了新民附近的20余股匪众，还驱驰绝漠，解除了危害东北边疆多年的内蒙古匪患。因为在剿匪中屡立战功，到1908年5月，张作霖已升任奉天前路巡防营统领，所辖队伍达7个营、3500多人，成为东北地区一个实力不容小觑的军事首领。

成就“东北王”

如果说接受招安是张作霖发迹的第一步，那么，辛亥革命则是张作霖真正崛起的开始。

革命党人在东北的活动是有传统的，宋教仁等有取天下的上、中、下三策，其上策便是在东北起事，然后直逼北京。到1911年5月赵尔巽回任东三省总督时，奉天已有一大半落在革命党人手里。武昌起义后，东北新军积极响应，推举蓝天蔚为中华民国军政府临时关东大都督，拟驱逐赵尔巽，宣布奉天独立。赵尔巽获悉情况后十分恐惧，遂密调后路巡防营吴俊升部自辽源驰援奉天。不过率先通过线人得到消息的张作霖早有图省之志，星夜率兵奔沈。过辽源时，张作霖派人给吴俊升送去名帖说家有急事，吴俊升信以为真，等到不久接到调令后才恍然大悟，此时张作霖已先行一步到达省城。

是张作霖而不是吴俊升第一个到达奉天，赵尔巽深感意外，张作霖则假装诚惶诚恐地说：“因局势紧张，唯恐总督陷于危境，下官迫不及待，率兵前来护卫。”局势紧张之际，赵哪还顾得了那么多，当即任命张作霖兼任驻扎省城的中路巡防营统领。

革命党人幻想以和平方式取得政权。11月12日，蓝天蔚与吴景濂等组织了保安会，邀请绅商200余人到会，准备以表决方式通过奉天独立的方案。赵尔巽亦携张作霖到会。吴景濂等慷慨陈词，主张脱离清廷，宣布独立。赵尔巽马上予以反驳，张作霖则将手枪置于案上，还用毛巾包住水杯冒充炸弹发出威胁，此议遂告流产。不久蓝天蔚被逼离开东北南下，另一革命领袖张榕则被张作霖诱杀。

蓝天蔚领导的革命党人，表现得优柔寡断，“蓝的新军，武器一流，训练一流，是沈阳周边最具实力的武装团体”，所以张学良对蓝天蔚的出走“不能理解”。在占据优势的情况下坐失东北，令人遗憾。不过，这却成全了张作霖，他为自己争取到了足够丰厚的政治资本。事后，赵尔巽不忘专折特奏朝廷为张作霖请功。清廷破格升赏，任命张作霖为“关外练兵大臣”，赏戴花翎，所部被改编为第二十四镇，不久又兼任巡防营务处总办。

虽然张作霖成功安定了东北局势，但毕竟清廷气数已尽，袁世凯为稳住东北，私下向张作霖许诺，一旦清廷退位，本人就任民国大总统，将“任卿为东三省防务督办”。张作霖审时度势后摇身一变，又成为共和政体的拥护者。所以，在清廷覆灭之际，东北没有采取任何行动，而是作壁上观。

但当袁世凯真正做了总统后，却对事先许诺的“东三省防务督办”只字不提，显然，他对并非北洋嫡系出身的张作霖多有猜忌，唯恐他实力扩张形成尾大不掉之势。“二次革命”后，袁世凯首次召见张作霖，张作霖在中南海里对袁世凯曲意逢迎，竟然行面见皇帝的三跪九叩之礼，并说：“前清那阵，作霖只知有皇上，如今只知有大总统，大总统就好比皇上，见了您老人家，怎能不磕头？”但袁对其仍不放心，准备采取明升暗降的办法安排他为“库伦护军使”。张作霖识破了袁世凯的用心，发电报给陆军总长段祺瑞，声言此次调动是“鸟尽弓藏”，让人心寒。他还鼓动奉天的绅商通过各种方式与袁世凯唱对台戏。眼看着惹毛了张作霖，袁世凯只好取消了调动计划，让张作霖仍旧担任原职。

1915年夏天，袁世凯为复辟帝制，轮流召见各省的军政要人，张作霖也在其中。这次，张作霖为解除袁世凯对自己的戒心，故意“装粗卖傻”，竭力把自己打扮成不关心政治、胸无大志的样子。为示浅薄，张进入总统府后，假装贪婪地东张西望，似乎对什么都新奇。结果，他刚从总统府回到奉天会馆，袁世凯便差人将自己的金表和居仁堂里的名画、名瓷送到奉天会馆，赠给张作霖。

不久，袁世凯称帝，大封天下，张作霖被封为二等子爵，张问左右怎么回事，人家告诉他“子爵下于伯爵一等，再上为公为侯”，张作霖非常不满，说，“我何能为人做子？”等到袁世凯众叛亲离、护国军四起之时，袁又想到张作霖，想让张赴湖南平乱，并许诺“事后封公封爵不成问题”。张早已看破袁的“空头支票”，不过他也想戏弄一下袁，拍胸脯表示：“雨亭愿率部出征，甘为先驱。”但同时提出，二十七师装备太差，需要补充枪支弹药和军饷，袁自然一口答应。然而待饷械到手，张作霖却给袁世凯拍去电报，说是奉天局势不稳，不能开拔，结结实实地耍了袁世凯一把。

虽然袁世凯千方百计节制张作霖，先后提拔自己的“把兄弟”张锡銮和其宠臣段芝贵为东三省都督，但这都改变不了张作霖事实上的核心地位。后来袁无奈，只好任命张作霖为盛京将军督理奉天军务。袁世凯病逝后，黎元洪改各省将军为督军，巡按使为省长，张作霖遂改任奉天督军兼省长。其后，他又借机排挤掉本省实力派冯德麟，一步步把黑龙江、吉林大权揽到手，成为名副其实的“东北王”。

有雄才而无“大略”

绿林出身的张作霖在主政东北后，也懂得“马上得之，不可马上治之”的道理。1916年4月，张作霖刚当上奉天督军兼省长，就别出心裁地发布了一篇关于施政方针的白话文告示。接着，张作霖又发布了一篇任人唯贤的招聘启事：“治理国家，首先在于人才。而用人之第一要义则在于用人不疑，赏罚分明。我用人一定会秉着大公无私的态度，本着唯才是举，不分畛域的方针。地方贤俊，如不我弃，当不辞卑辞厚币以招之！”

招聘启事见诸报端后，八方才俊纷纷投奔张作霖。在原有的绿林兄弟之外，张作霖又招纳了一批军校出身的军官，如姜登选、杨宇霆、郭松龄、韩麟春等一大批干将，奉军素质开始有了改变。同时，也延揽了一批文人政客，如王永江、王树翰等为其治政理财，形成了所谓的“文治派”。

为招揽关内人才，张作霖还派人在营口、绥中等交通要道上设立招待处，以欢迎前来投奔之人。当他得知关内某些具有专门军事知识的人才，在京津地区因工薪待遇问题而各处喊冤时，立即派人前往，游说对方，并许以高薪，请他们到奉天就职。一时间，全国各地军校毕业生大量涌入东北，形成井喷之势。其中“保定军校毕业生为数最多，来自关内的各国陆军留学生和陆大出身的人次之”。

张起自草莽，说粗话是家常便饭，甚至以此特征来笼络张宗昌等部下。但他粗中有细，如对重用并有所依赖的王永江、杨宇霆，他就从不说粗话。有一次，张作霖和杨宇霆为一件事争论起来，张生气了，说了“妈的”两个字，杨站起来说：“你骂谁？”张马上作揖赔罪，说：“这是咱的口头话，一个不留心溜出来了，敢是骂谁！”以至于听到这个故事的胡适说：“这个故事很美。”

张作霖主政之初，东北三省的金融、财政状况十分危险。“金融日紧益觉难支，外款输入百计压迫。”而一些奸商乘机渔利，更加重了金融市场的混乱。1917年，奉天省积欠内债、外债共1200余万元。张作霖任人唯贤，重用王永江，撤换贪官污吏，整顿税收，收回利权，不出数年，奉系即还清外债，且有相当节余。

为了整顿东北军队，张作霖成立了东三省陆军讲武堂，成为民国时期的四大军校之一。讲武堂不仅为张作霖在东北的立足和壮大积蓄了军事力量，也为东北乃至中国培养了一批重要的军事人才。张还建立和扩大兵工厂，兵工厂成为全国规模最大的综合性兵工厂之一；建立空军和海军，空军在全国首屈一指，海军则在全国海军中占有绝对优势。

虽然没读过几天书，但张作霖却非常重视教育，他曾说：“凡国家若想富强，哪有不注重教育与实业，能够成功的呢？”他创办的东北大学，虽属省立，但“其实验室设备却是第一流”，教师薪水也比“国立大学”高，因条件优厚，许多国内著名学者和社会名流都曾到东北大学任教。如曾任外交总长的罗文干、文字学家黄侃、著名学者梁漱溟、文法学家章士钊、建筑学家梁思成、著名学者林徽因、俄文学者曹靖华、机械学家刘仙洲等，为东北培养了多方面的高级人才，东北大学一度成为中国大学之最。据记载，东北大学第一届毕业生，除俄文系外，凡成绩优异者，“都送往外国留学”。张作霖把“个人所有的大部分财产，都拿出来办教育”，这是国内其他军阀所不及的。

台湾学者吴相湘说:“不论如何，张作霖‘毫无凭借崛起辽东，为不世之雄才’。”但是，东北经济的好转，也促使张作霖扩张野心迅速膨胀，他已经不满于“东北王”的地位，而是产生问鼎中原的野心。他的“财神”王永江要求他放弃武力政策，抓紧时间建设东北，未得到张作霖的支持。随着张作霖在内战的泥潭中越陷越深，军费支出越来越多，无法说服张作霖的王永江遂挂冠而去，给其造成了难以弥补的损失。

与南方的国民政府相比，奉系军阀仅靠信奉武力而缺少治国理念，张作霖个人的认知也跟不上时代的潮流，虽曾一度登上最高权力宝座，成为北洋政府末代国家元首，但很显然他不具备统治全国的能力。张学良后来就说：“我们争什么天下？奉军南下河北、河南，占了不少地方，可连一个县长也派不出。”他认为父亲有雄才，那缺少的当然就是“大略”。比较起来，“有大略而无雄才”的蒋介石就更有领袖之相。张学良曾对赵四小姐说：“蒋介石言谈举止，像领袖的派头；阎锡山不行，穿个大衫，像个买卖人似的。”那么绿林出身、讲究江湖义气的张作霖当然也

“望之不似人君”。1928年4月，在蒋、冯、阎、桂四大集团的攻击下，奉军全线崩溃，等张作霖再想回到他的发迹之地时，却死在日本人的炸弹之下。

（文/黄金生）

亦军亦匪：小军阀的生存之路

民国时期，大小军阀林立，尤以北洋政府执政时为最。其中大军阀如直系、皖系、奉系，小军阀更是数不胜数。小军阀们为了谋求生存，不得不依附大军阀，但又都不甘就此了却一生，便有了今天跟你明天跟他的事情发生，有的甚至还亦军亦匪，干得了就变军，干不了就从匪。如此种种，实在是琳琅满目，数不胜数。

镇嵩军："刀客"联盟

辛亥革命在武昌爆发后，陕西是最先响应的省份之一。陕西革命成功的同时，吸引了不少豫西地区的有志之士前往投效，其中就有刘镇华。刘镇华毕业于河南法政学堂，是一名有着3年党龄的同盟会会员，他在嵩县成功动员"刀客"王天纵组织武装，编成豫陕联军西出潼关，投效到秦陇复汉军东路大都督张钫的麾下。除了王天纵这一支"刀客"军，还有张治公、柴玉升、憨玉琨等几支"刀客"军，也都编入了东路军。

民国建立后，陕西驻军大量裁编，在陕西本地军队尚且无法保留建制的情况下，诸路"刀客"军就更别想能留存下来。好在河南驻军不足，各地盗匪纷起。在张钫的建议下，抽出豫军4000余人编组一支部队，辖3个步兵标（团）和1个炮兵营，由张钫保荐刘镇华担任这支部队的统领，开赴河南承担剿匪任务，薪饷则由河南省政府承担。镇嵩军就此成立，时为1912年10月。

镇嵩军实际上是一个联盟体，所属三标就分为三个派系，他们分别以标统柴云升、张治公、憨玉琨为首。在镇嵩军后续的发展中，也大致分为这三个集团。刘镇华率领镇嵩军进入豫西地区后，因官兵素质不佳，且未经正规训练，加上不少官兵与地方土匪都沾亲带故，致使剿匪成绩很不理想。因此，河南省政府在无权裁撤镇嵩军的情况下，只能通过时常中断补给的方式来迫使该军自行解体，结果反使镇嵩军内部空前团结。“穷巡防，富陆军，好汉爷爷是毅军，要饭花子镇嵩军”——这首民谣充分体现了镇嵩军连巡防营都不如的境地。

为了求得发展，刘镇华等不得不忍气吞声地一边与北京政府打理关系，一边与河南地方实力派逢迎拉拢，并加大力气剿匪，六亲不认。张治公把他当土匪的叔伯兄弟杀了，憨玉琨则杀了自己的亲兄弟。当官的带头，镇嵩军终于将豫西的几股土匪逐一剿灭，伊川、洛宁、嵩县、伊阳、卢氏、宜阳等地一时匪患无踪。镇嵩军完成了剿匪任务，不仅获得了生存的地盘，而且还得到了北京政府的青睐，袁世凯为此赏银10万两，并晋升刘镇华为中将，这使镇嵩军真正站稳了脚跟。

袁世凯死后，刘镇华改而依附皖系，他主张要让镇嵩军继续得到发展，应进入陕西就食。当1917年9月陕西靖国军围攻西安时，刘镇华认为时机已到，遂于1918年2月率部直入西安，将靖国军成功击退并当上了陕西省省长，取得了陕西民政大权，军队的给养问题因此得到解决。在此情况下，镇嵩军飞速发展到1万余人。

就在镇嵩军稳步发展的时候，1920年爆发的直皖战争，使刘镇华失去了皖系这座大山。为保住实力，刘于1921年7月乘直系入陕驱逐陕督陈树藩的机会调转枪头，投奔直系。接着，他又与陕西新任督军冯玉祥搞好关系，并与冯结拜为兄弟，成功在冯玉祥转任河南督军时当上了陕西的继任督军。在军政一体的情况下，镇嵩军被迅速扩编为4个师。整个镇嵩军迅速膨胀到近10万人，其中以驻防豫西的第35师实力最为雄厚（鼎盛时达到4万余人）。镇嵩军的不断扩张，使原本相对团结的内部产生了变化，尤其是第35师师长憨玉琨打算自立门户。这一时期的镇嵩军所属各师，都有不服从刘镇华命令的迹象出现。

冯玉祥于1924年10月在北京发动政变，导致直系败于奉系。国民第2军随即进入河南，严重威胁到在豫西的镇嵩军。1925年2月“胡憨之战”爆发，但镇嵩军的主力第35师不敌国民第2军，刘镇华急命张治公的陕军第2师增援，张却按兵不动，经刘再三“请求”才勉强参战。但时机已失，结果憨、张两师溃败，刘镇华虽亲率一个旅堵防仍无济于事。

镇嵩军大败后，刘镇华愤而出走山西，残部两万余人被迫云集在安康、白河、洛南数县。当时与吴佩孚取得联系的张治公试图出面领军，但师长柴云升等都不拥护他。吴佩孚为了抓住这支部队为自己效力，主动电邀刘镇华返回部队主持局面，刘重新出山收容旧部，并争取到阎锡山晋系的支持。在此情况下，刘镇华于1925年10月加入吴佩孚的“十四省讨贼联军”，并就任联军陕甘军总司令，重整军容。

1926年1月，刘镇华率部取得陕灵战役的胜利，重创国民第2军，并缴获枪支7万余支。他依靠这些装备和俘虏重新扩军，将所属部队重新编组为4个师，随后乘胜直取西安。从1926年3月打到11月，镇嵩军与西安守军连战9个月，最终被冯玉祥的国民军联军打败。刘镇华被迫再次出走，后在张钫的游说下复出，并派遣代表前往冯玉祥处表示输诚之意。经过改编，镇嵩军于1927年4月编为国民革命军第2集团军第8方面军，刘镇华任总指挥，辖4个军。

镇嵩军虽然在历次战争中侥幸存活，但内部却越来越分裂。张治公、姜明玉、王振、柴云升等先后加入直奉两系，后都被北伐军击败。北伐战争胜利后，第8方面军被裁撤，所属部队则缩编为第2集团军暂编第19师和暂编第20师，旋又分别改称暂编第3师和暂编第4师。蒋冯战争爆发后，两师改投蒋介石，被合编为第11路军，由刘镇华任总指挥。但刘镇华此时已经有心无力，加上精神病症状的显露而无法指挥部队。这时，暂3师师长万选才暗通阎锡山，于中原大战爆发前裹胁暂4师加入反蒋军序列。暂4师师长刘茂恩不同意，又暗中联络反正。自此，镇嵩军余脉一分为二,万选才在中原大战中兵败身亡，残部被南京国民政府收编后编入第80师，随即被中央军吞并。刘茂恩因反正有功，所属部队扩编为第15军，直到1947年11月4日在河南郏县被人民解放军歼灭。

毅军："长寿"翘楚

毅军由山东蓬莱人宋庆一手创建。19世纪五六十年代之交，在镇压捻军的战争中，宋庆在清军中崭露头角，被提拔带领一支由捻军降众组成的队伍——奇胜营。1861年，原钦差大臣袁甲三的临淮军被裁遣，其中的3营划归宋庆，加上原有的奇胜营旧部，建立了毅字营（由宋庆的"毅勇巴图鲁"勇号而得名），此即毅军起源。

在镇压捻军起义后，宋庆随左宗棠参加收复西北的战争，所辖部队最多时曾超过20营。西北战事平息后，毅军裁至9营1哨，约4000人，由河南省协饷。宋庆曾先后补授云南、四川提督实缺，但奉旨统带毅军，始终未赴任所。

到了19世纪80年代，清廷建设海防，毅军奉调驻守旅顺军港。1894年甲午战争爆发时，宋庆临危受命，被李鸿章任命为北洋军务帮办，代替叶志超指挥前线各军。毅军在平壤、海城、田庄台等役的表现可圈可点，大都能坚守到最后一刻，比起其他友军而言，实在好得太多。甲午战争结束后，清政府整顿战时各军。毅军因在战场上的良好表现，成为朝廷重点栽培的部队之一。宋庆将战时扩为30营1哨的毅军裁去6营，整顿为24营1哨，1万余人，仍驻旅顺，不久移驻山海关。

1898年戊戌变法失败后，掌握北洋兵权的荣禄把所辖主要军队改称"武卫军"，下分五军，毅军改称武卫左军，宋庆仍任该军总统官。这时，毅军的实力仅次于聂士成的武卫前军和袁世凯的武卫右军，在全国位列前三，这是其最为风光的时候。此时宋庆已年近八旬，日常事务由助手马玉昆代理。

1900年，清廷对各国宣战，武卫左军参加天津、北京等处对八国联军的战事。北京陷落后，慈禧偕光绪出逃，马玉昆派兵保驾。次年议和，又护卫两宫返回北京。此时，武卫左军已扩充至34营1哨，宋庆将原属老毅军的9营1哨抽出，重建毅军营头，由姜桂题统领，其余25营仍归武卫左军，由马玉昆统率。

1902年宋庆病故，马玉昆总统武卫左军，并担任直隶提督。此时袁世凯新任直隶总督兼北洋大臣，开始创练新军，原武卫右军系统崛起，武卫左军的地位开始下降。

姜桂题所统的老毅军在1907年南下苏皖等省，编入沿江巡防队，驻扎长江下游，时人也称江防军。次年，马玉昆病故，清廷命姜桂题北来接统武卫左军。留在南方的江防军由张勋接管，此支部队在民国时期改为定武军，即臭名昭著的“辫子兵”。

1912年清帝退位，民国建立，武卫左军恢复了毅军的旧称呼。姜桂题任毅军军统，其下分为中、前、后、左、右五路，分别由宝德全、殷贵、方有田、米振标、赵倜担任统领，计有马步炮31营。当年以赵倜为行军翼长，带10个营调驻河南，米振标一路进入热河，姜桂题率其余部队仍驻京畿通州等地。次年，因外蒙军侵入，姜桂题率驻近畿的毅军全部进驻热河防御，维护了领土安全。

赵倜在河南当了督军后，把留豫毅军重新整编为9个营。1918年护法战争期间，姜桂题又派常德盛率热河毅军一部移驻河南，以加强赵倜的实力。第一次直奉战争时，赵倜因响应奉系起事，被直系赶走。直系将驻河南的毅军主力改编为河南暂编第1师，任常德盛为师长，支援江西。1925年，常德盛师先后被赣军、皖军缴械。

驻热河的毅军在姜桂题率领下，发展至20余营。姜桂题从1913年起，长期担任热河都统。姜桂题在北洋军阀里资格较老，故受到北京政府优遇，但他思想守旧顽固，对于新事物抱着反对态度，这使毅军仍实行清朝时的巡防营编制，内部更是腐朽不堪。在各派军阀混战时，毅军大多采取中立，避免损失，在局势明朗时加入胜利的一方。

直皖战争后，热河被划入奉系势力范围，姜桂题被迫回到北京。1922年1月，姜桂题病死，由米振标继任为驻近畿毅军司令。第一次直奉战争后，毅军回到热河，米振标被北洋政府任命为热河军务帮办。此时毅军分为左、右两翼，左翼翼长由米振标兼任，右翼翼长由张殿如担任，共有马步炮20余营、7000余人，分驻承德、赤峰等地。

第二次直奉战争后，奉系重占热河地盘。此时，临时执政府将河南划给胡景翼的国民第2军。胡景翼因为毅军与河南素有渊源，邀请米振标带兵相助。由胡任河南军务督办，米任帮办。米振标随即改编毅军，将其从旧巡防营编制改成陆军编制，共编了4个混成旅和1个独立混成团，分驻开封、驻马店、许昌等地。

米振标的名望与姜桂题自然要差了一截，性格上也偏软弱，缺乏明确的主张，回到河南后继续执行一贯的“事大”政策，谁的势力大就依靠谁。当初胡景翼入豫时，他帮助国民第2军打憨玉琨。一年后“讨贼联军”打进河南，他又背弃国民第2军，投向吴佩孚。在反复之间，毅军借机扩大实力，增编了一个混成旅。吴佩孚为拉拢毅军为其卖命，先后委米振标以“讨贼联军”的军长、军团总司令以及河南警备总司令等头衔。

1927年春，奉军南下河南，“讨贼联军”面临崩溃。米振标乘乱之际，以“保境安民”为名，将原豫军总司令寇英杰部收编，将毅军改编为3个师又5个混成旅，兵力骤涨至两三万人。此时毅军成为奉直双方争夺的对象，张作霖委米振标为“镇威军”的军长，靳云鹗委米振标为“河南保卫军”的军长。毅军内部也意见分裂，米振标与其子米国贤倾向投奉，但张殿如之子、毅军副司令张继武主张附靳反奉。3月中旬，靳云鹗起兵击奉，进展顺利，米振标以为奉军大势已去，将开封城内的奉军缴械，让张继武出面带领毅军加入反奉战事。不料几天后，靳军遭奉军重创，失利南退。米振标再次变脸，迎接奉军进入开封。3月29日，奉军军团长张学良、韩麟春以毅军反复无常、难以信任为由，派兵将开封的毅军缴械，米振标父子被奉军软禁，从此退出历史舞台。

毅军主力由张继武带领，南下至豫皖边继续活动，随即被冯玉祥收编为第2集团军第25军，由张继武任军长。10月，张宗昌的直鲁联军进攻河南，起初进展顺利，张继武即叛冯降张，就任直鲁联军第29军军长。但不久直鲁联军遭到冯军反击而惨败，张继武部跟随张宗昌败退山东。之后半年多，张继武部跟随直鲁军作战，越打越少，被缩编为一个骑兵师。北伐战争结束时，张继武被天津警备司令傅作义任命为参议，所部缩编为一个骑兵营，这就是毅军本部的最后结局。

毅军在数十年的演变下，有诸多的分支与余脉。其中寿命最长的一支此后辗转演变为国民革命军第51军，该部最初的源头可以上溯到毅军初建时的那几个营，因此血统至为“纯正”。在经过抗日战争和解放战争之后，第51军残部于1949年5月在上海向人民解放军投诚，此时距毅军的建立已过去近90个年头了。

由于宋庆治军严格，作风比较踏实，尽管毅军在前期并无政治上的强有力的靠山，但因在战争中不一般的表现，令人刮目相看，因而受到了重视，自身在夹缝中不断发展。然而，在清末新政启动后，毅军因领导人的思想守旧、故步自封，没有及时转型。进入民国之后，政治立场更趋于顽固，军中腐败横行，与前进的时代步伐渐行渐远，最终湮没于社会大变局中。

亦军亦匪：刘桂堂匪部的兴亡

先当土匪，后接受政府招安，自古有之，这是许多人升官发财的捷径。在民国时期，自然也不缺乏这样的人，刘桂堂就是其中最具代表性的一员。

刘桂堂是山东平邑人，出生在农民家庭。幼时给地主放过羊，因有盗窃和抢劫行为而不容于乡，于是在23岁那年（1915年）伙同同乡的两名恶少，搞了一把鬼头刀和一支土枪潜入山中，算是占山为王，正式当起了土匪。

3个人当土匪，势力太小，在刘桂堂的主张下，他们与邻近的流氓地痞取得联络，刘桂堂与其中较有势力的7人结成把兄弟，组成了一支约50余人的队伍。刘桂堂在8个把兄弟中居第七，加上皮肤黝黑，因此人送绰号“刘黑七”。他头脑灵活，加上提出了一些很有诱惑力的发展前景，因此被公推为首领。他带着这股土匪以鲁南山区的抱犊崮为根据地，干起了抢劫绑票、打家劫舍的勾当，附近小股土匪闻其名也都相继入伙，使刘桂堂的队伍在4年内发展到300余人，拥有枪支百余条。到1925年，又发展到千余人，时有“刘团”之称。

山东历来战火不断，这给了刘桂堂生存和发展的空间。第二次直奉战争结束后，山东成为军阀张宗昌的地盘。张在取得山东军政大权后，计划进行一次肃匪军事行动，刘桂堂的匪军成为首要歼灭目标。为此，他特地抽调了一个团的正规军去执行任务。

土匪武装怎么对抗正规军呢？已经为匪达10年的刘桂堂并不慌张，他派部队伏击了剿匪部队的先头连，并将溃败部队遗弃的武器收缴后在现场留下相应代价的银圆。当剿匪部队再次出击并发现银圆时，这些贪腐的官兵便对天放空枪，随后放下武器带上银圆下山报捷去了。刘桂堂用这个办法不仅成功“击”退了围剿部队，而且使自己的武装得到不断的加强。此后北伐战争开始，张宗昌无暇继续剿匪，刘桂堂的胆子也就越来越大，抢劫绑票已经不能满足，他开始带着部队扩大地盘，占据了蒙山地区的多个村庄，大肆屠杀抢夺，至1928年初已发展到1.5万余人。

刘桂堂武装的不断扩大，引起了北伐军的注意，便派使者与其联络。刘桂堂见北伐军势大，干脆接受南京国民政府的招安，先是于1928年5月就职国民革命军北伐先遣军中将军长，随后又在1929年2月的编遣中通过“金钱攻势”保留部队，将所部改编为正规军——新编第4师，刘继续担任中将师长。一个土匪，就这么在转瞬间成了堂堂政府正规军的中将了。

1929年新军阀混战开始后，刘桂堂率领所部活动于鲁豫交界处。为了继续生存发展，他以拥护统一为名出兵配合进攻兵变的任应岐第49师，蒋介石对此还特地发去贺电，并赞许刘师为“铁四师”。但是当刘桂堂发现新的大规模战争即将爆发时，又改投阎锡山，被阎任命为第3方面军第25军军长，并参加了1930年的中原大战。阎锡山为了使刘部为其卖命，还特地调拨了山炮4门、重机枪12挺、晋造冲锋枪144支供刘部使用，使刘桂堂的25军装备得到加强。

第25军毕竟是土匪部队，大名一战，该军遭到蒋介石中央军的重创，刘桂堂1万余人的部队最后仅剩2000余人突围而出。此后阎锡山反蒋失败下野，刘桂堂又转而投靠掌握山东军政大权的山东省政府主席兼第3路军总指挥韩复榘，并取得了山东省警备司令的职衔，所部被改编为4个旅，但终以匪性不改，被韩调集重兵予以围剿，刘桂堂支持不住，于1932年6月派人挖了韩氏祖坟后带着百余残部一路向北转移到热河，以开鲁、林西地区为根据地，再次落草为寇。由于韩复榘断了他的升官之路，刘桂堂发誓要亲手击毙韩。

1933年长城抗战爆发后，刘桂堂先是与伪满政权取得联系，被任命为伪满第3路军总指挥。未几，又派人与察哈尔民众抗日同盟军总司令冯玉祥取得联系，派遣特使向冯玉祥表示愿意痛改前非积极抗日之意，于1933年6月被任命为同盟军第6路军总指挥。7月1日，刘桂堂正式宣誓就职，随后发兵进攻伪蒙军，接连收复察东四县，一时间被誉为“抗日英雄”。然而随着同盟军被南京国民政府派遣军队包围缴械后，刘桂堂再次转变为匪，游走于豫鲁交界处，终因屡遭正规军围剿，于1934年1月在诸城兵败，只身逃亡至天津匿居。此后一度在宣化复组旧部为匪，但终被第29军派兵剿灭。

抗日战争全面爆发后，与韩复榘有旧仇的刘桂堂再次出山。为了打击韩部，刘桂堂公开投敌，号召旧部组建皇协军先遣支队，并担任中将司令，拥兵3000余人，先是在鲁北打击韩部，1938年又转移至掖县、即墨等地活动。韩复榘被蒋介石枪毙后，刘桂堂以大仇得报而重新派人与国民政府联系，于同年10月宣布反正，就任冀察游击第3支队司令。一年后部队改编为新编第36师，任中将师长。

刘桂堂几番起落，虽然成功地由匪转官，但匪性不改的他在鲁南地区无心抗战。为了生存发展，刘顶着国民政府正规军的番号，却与日军密切联系，不仅如此，他还大肆屠杀抗日武装，一度制造出蒙山无人区。当1943年鲁苏战区遭到日军重创被迫撤出鲁南后，刘桂堂再次派人与日伪方面取得联系，被委任为“和平建国军”第10军第3师师长。对此，八路军于同年11月发起讨刘战役，在费县重创刘部。刘桂堂率领残部负隅顽抗，终于11月15日落得一个被击毙的命运。这支亦军亦匪的武装，就此走到了尽头。

（文/胡博　马雷）

北洋集团的衰落
和国民军的崛起

军阀混战中的“银弹”攻势

1930年9月底的一天，晋绥军北平警备司令部突然发布命令，让所属各部官兵准备撤离北平，又通知各部尽快领取10月份的军饷。官兵看着手里的现大洋，纷纷嘀咕：“这‘钱铺老板’（晋绥军官兵骂阎锡山抠门的提法）咋改了性子？”

其实，这些军饷并不是阎老西（阎锡山）给的，而是奉系张少帅发出的“银弹”。几天前，在北平城内的一间小酒馆里，两名军人坐在桌旁，推杯换盏，饭桌上气氛相当热烈。当喝到酒酣耳热之际，一位满口保定话的军人大着舌头、拍着胸脯说道：“老董，我跟你说，你放心，咱哥俩同学一场。我可以保证，你们进到何地，我们就退出何地！”坐在对面的军人也豪气冲天：“楚兄，你也放心，军饷之事包在咱兄弟身上。”就这样，东北军先锋第五旅旅长董英斌与晋绥军北平警备司令楚溪春在酒桌上敲定了北平交接的事宜。

杀人于无形的终极武器

从1911年辛亥革命胜利开始到20世纪30年代中期，中国作为一个后发型现代化国家，不可避免地进入了亨廷顿所谓“强人政治”这一“必不可少的过渡阶段”。以袁世凯为首领的北洋军阀势力，逐渐窃据中央政权，又逐渐在内耗中消亡。而阎锡山、陆荣廷等一批出身各异的地方军阀则经历多年发展成自立为王的地方实力派。为了争夺各地的政权、财权和军权，大小军阀展开了仿佛无休无止的混战。

但是，中国各地不断爆发的军阀混战却很快呈现出“两极分化”的局面。在某些情况下，军阀间的混战异常惨烈，动辄血流成河、死相枕藉。而另外一些军阀间的战争却显得相当“滑稽”：交战双方甚至多方的纸面实力瞬息万变，下属部队的番号和隶属关系变化多端，几乎到了“朝秦暮楚”的地步，但战场上却极少见到部队调动，更听不到几声枪响。然而就在这可怕的“寂静”中，一个又一个曾经叱咤风云甚至一度有机会问鼎中原的派系土崩瓦解。

到底是什么样的力量能够做到在无声无息间置一个派系于死地？答案就是“银弹”。

说起“银弹”攻势，这倒不是近代出现的新鲜战术。相反，对于中国而言，战略上的早熟使中国的政治家、军事家在西方尚处于战略萌芽期时，就已经开始熟练地运用金钱武器来达到战略战术目的。秦始皇的臣子尉缭、汉高祖的谋士陈平，都是善于用“银弹”的大师。当中国历史进入晚清，湘军、淮军这种带有浓厚“私家军”色彩的政治派系开始登上政治舞台，中国几乎每一个将领和官员都已经做好了在战场上收买别人或是被别人收买的准备。

但是，在席卷大半个中国的太平天国起义中，虽然“银弹”攻势已经被运用到了炉火纯青的地步，却并没有出现日后军阀混战时期那样伴随“银弹”出现的“静坐战争”。造成这种情况的原因，主要还在于军队私有化的最后一层窗户纸还没有被捅破，哪怕是淮军，也不能算是李鸿章一人的淮军，总还保留着那么一点点国家军队的意思。

“静坐战争”始作俑者袁世凯

不过，这种情况很快就会发生变化，而变化的关键，就是开启20世纪中国几十年军阀混战岁月的始作俑者，同时也是晚清到民国初年最善于使用“银弹”的人——袁世凯。

在曾经风靡一时的电视连续剧《走向共和》中，由孙淳扮演的袁世凯在荣禄眼皮底下，将小站练兵建立起来的北洋新式陆军，变成高喊“吃袁大帅的饭”的私家军队。这段情节应该是参考了真实历史后创作的。袁世凯的三女袁静雪在《我的父亲袁世凯》中记述，小站的新军官兵普遍认为袁世凯是大家的衣食父母。

当军队成为指挥官的“个人私产”，军阀时代就此来临。从湘军、淮军兴起，晚清各省军事主官兵权、民权、财权一把抓的权力体制与军队私有化相结合，让中国不可避免地滑向“藩镇割据”和军阀混战的深渊。

当然，军人掌握地方实权，正是辛亥革命中腐朽的清政府迅速倒台的重要原因之一。在1911年至1912年最先独立的15个省份中，有70%的人推选军人担任领袖，地方实力派希望借由军权、民权和财权的结合，形成对抗中央集权的强大力量。但是，既然军权是掌握地方权力的关键，军阀们自然不愿拿着自己的私家军队去冒险。而军阀“静坐战争”的创造者，正是袁世凯。1911年10月底，清廷连发七道谕旨，以总理大臣和全部军政大权为代价，请袁世凯带领北洋军进攻南方的革命党。但袁却有自己的小算盘，他在冯国璋带兵夺下汉口、汉阳之后，将北洋军扣在武昌城下，引而不发，并派人投书于黎元洪，又派唐绍仪南下，开始与南方革命党谈判“停战”问题。

而当袁世凯终于掌握中央大权时，他发现自己一手造成的军阀割据状态，已经反过来威胁他的统治，面对这种棘手的情况，袁世凯祭出了从清末登上政治舞台后屡试不爽的武器——“银弹”。

袁世凯曾对人说：“天下无难事，惟有金钱自能达到目的耳。”他的北洋派系一度被反袁派骂作“黄金势力”。金钱收买是袁世凯对付国内大小军阀最重要的手段。袁的亲信唐在礼回忆，对掌握江苏的冯国璋、掌控两广的龙济光这样的北洋系大将，袁世凯出手极其大方，甚至一次给他们几十万大洋的巨款。即便是一些不能掌握一省，但拥有一定地盘的小军阀，如袁世凯的河南老乡张钫，袁世凯也愿意花几万大洋打点，以求他们的支持。

在袁世凯的“银弹”攻势下，国内的大小军阀纷纷对袁世凯拥戴有加，袁世凯在飘飘然之间，头脑发热开始搞洪宪帝制。但是，当蔡锷等组织护国军之后，袁世凯试图派兵赴西南前线将其剿灭，却发现手下的大小军阀几乎是整齐划一地祭出了袁世凯当年葬送清廷时使用的“静坐法宝”，用袁世凯亲信幕僚王锡彤的话说，就是“兵不用命，将帅观望成败，不肯用力”。

袁世凯手下头等大将冯国璋在1916年3月21日联合李纯、张勋、朱瑞等北洋系将领，发电要求袁世凯“速行取消帝制……对广西务勿用武力解决”。而时任奉天陆军第27师师长的张作霖，虽然几个月前还在给袁世凯的电报里保证“内省若有反对者，作霖愿率所部以平内乱，虽刀锯斧钺加身，亦不稍有顾怯”，此时不但拒绝赴南方作战，反而借机指责奉天将军段芝贵亏空公款，以武力迫使段于4月19日逃离沈阳。

虽然袁世凯这位开启军阀时代的关键人物在1916年6月6日死于绝望，但是他的徒子徒孙却已经可以熟练地运用“银弹”攻势和“静坐法宝”。在护法战争中，孙中山面对南北军阀在除湖南以外的广阔战线上大搞“静坐”战争，只能哀叹“顾吾国之大患，莫大于武人之争雄，南与北如一丘之貉，虽号称护法之省，亦莫肯俯首法律及民意之下”。实际上，南方军阀此时已经在皖系和直系的银弹攻势下全面妥协，孙中山作为陆海军大元帅，缺乏金钱也许是他最大的不足之一。但是“银弹”攻势用久了，总会有“审美疲劳”的问题，军阀的胃口就会越来越大。1919年徐世昌在上海搞南北议和，面对皖系徐树铮“与西南军界有接洽”，只能哀叹“牺牲金钱，亦无不可”，答应给军阀陆荣廷150万元军费，并先付50万元作为“订金”。到1922年孙中山从广东出兵北伐时，湖南省省长赵恒惕开出“同意南军假道北伐”的价码已经涨到了“子弹600万发、饷银200万元”，完全是一副明码标价、童叟无欺的嘴脸。

雇佣兵战争：依靠“银弹”而非炮弹

那么，到底是什么原因使得中国的军阀在几十年的混战中不断向对手抛射“银弹”呢？从战争历史的角度，这实际上是中国军队“雇佣兵化”的一个必然结果，类似的情况在西方历史上早已发生，15世纪欧洲尤其是意大利地区的雇佣兵军队就是这样打仗的。

迈克尔·霍华德曾经将欧洲18世纪以前的战争，分为“骑士战争”、“雇佣兵战争”和“商人战争”三个阶段，而对比中西方的军事发展史，中国的整个军事体系因为受到强大的大一统国家体系影响，基本没有经历过这三个阶段，便直接跳跃到专业军人和革命战争的时代。这种跳跃直接影响了近代中国对西方军事理论体系的理解和学习。不过，从晚清的湘、淮军开始，中国的军事体系开始有了一点“雇佣兵战争”的萌芽，到军阀混战的20年代初期，中国的各个省份内都集聚了大批贫困破产的农民，以及各色胆大包天的土匪，他们无法从正常途径获得收入，只能加入军队，就像当时的歌谣所唱：“郎当兵，莫奈何，断口绝粮难过活，不当没下落。”陈独秀对此评价：“兵靠大帅以生活，大帅挟兵以横行，两相结合，遂造成中国之大患。”

而从清末的洋务运动开始，中国开始通过兴办军校和出洋留学的方式培养大量青年军事人才。随着这个群体的扩大，他们也迫切需要通过各种方式结成新的政治派系。部分军人变为军阀，掌握只属于自己的武装，他的亲属、同窗、乡党便迅速聚拢在他的身边，形成一个新军阀派系的上层建筑。而且，由于军阀间多少有些关系，战争很少会波及上层，最多就是下野出国的结局。在直奉战争中，张学良还曾专门到天津拜会曹锟的四弟曹锐，安慰他："四大爷，我跟三大爷打仗去了，外面乱，你别出去。"

但是，与军阀派系盘根错节的关系相比，军官与基层士兵的关系，却十分脆弱。国民党元老朱执信就通过观察，发现底层士兵即便遭遇遣散，也会"留在解散的地方，等待下一次招补的机会"，对于这些士兵而言，到底是为"张大帅"还是"李大帅"打仗，根本不重要，重要的是"一冲上前就可以领三个月的军饷"，而当战况稍有问题，他们就会选择开小差甚至集体叛逃到敌人一边。所以，对于军阀而言，私人军队变成了一种脆弱而昂贵的"不动产"，一个错误的决定就可能瞬间毁灭一支军队，再要恢复起来必须耗费巨大的代价。

15世纪意大利的雇佣兵首领，曾遭遇过与20世纪初中国军阀几乎完全相同的尴尬情况。而这二者解决问题的方式也几乎完全相同，那就是将战争变得不那么血腥，更多依靠"银弹"而非炮弹进行战斗。而且，各派系军阀上层盘根错节的关系，也无形中为交战双方互射"银弹"、玩"静坐"战争创造了条件。以军阀混战年代兵祸最为严重的四川为例，这个省份从1911年到1931年经历战争超过470次，平均每月要打两次仗，时人纷传"川省一年三小仗"。按理说，连年战争必然造成川军兵源枯竭，但实际上，1911年四川仅有5个师，到1919年已经有12.2万名军人，到1926年这个数字已经超过30万。

而这30万名军人中的各级军官，基本是来自保定军校或四川省内的四川陆军武备学堂、四川陆军速成学堂、四川陆军小学堂以及四川陆军官弁学堂，部分人员还有留学日本的经验。在漫长的军阀混战中，四川军阀以学派为号召，结成了多个军事派系，如刘湘和杨森都毕业于陆军速成学堂，他们的同学号称“速成系”，而毕业于保定军校的刘文辉、邓锡侯和田颂尧则是“保定系”的中坚力量，此外，还有李家钰所在的“军官系”“武备系”等，另外日本陆士等新派系也在酝酿之中。

但是，军阀混战年代，在“银弹”的攻击下，同学和师生关系是极其脆弱的，何况川军中还有其他依靠亲属和乡党关系结成的派系，比如刘文辉和刘湘这对叔侄，最初拼凑过“二刘合作”，而同为大邑人，却分属“速成系”和“武备系”的刘湘及刘成勋，也可以结成“大邑系”。因此，每个军阀都是横跨几个派系，而每个派系都在酝酿着决裂。

在1932年至1933年四川最后也是最可怕的一场军阀大混战——“二刘大战”中，唱主角的就是刘文辉和刘湘这对叔侄冤家，但是在战争过程中，“保定系”的刘文辉、邓锡侯和田颂尧也在刘湘的“银弹”攻势下决裂，刘、田二人关起成都城门打巷战，酿成惨烈的“省门之战”。

当欠饷成为惯例

此外，“银弹”能够在军阀混战年代大行其道的另一个重要原因，在于大部分军阀都没有建立起强有力的经济体系，欠饷成为惯例。“无钱不聚兵”几乎是一条放之四海而皆准的军事真理。1932年四川的《新新新闻》报道杨森所部官兵因为军饷由5元降至不足4元，“结果各旅士兵，纷纷逃离”。

但是，这种让基层士兵深恶痛绝的欠饷，对于上层的军阀而言，既是无奈之举，也是生财之道。1921年底，陈炯明向广东省议会报告：“是年全省总收入1388万余元，而支出却需3250万余元，收支相抵，不敷1862万余元。”因此陈向孙中山要求对驻两广正在计划北伐的军队大力裁军，以压缩军费开支。军费问题，最终成为陈炯明发动兵变的重要原因。而直系军阀曹锟，在担任三省巡阅使和总统时，命军需处长李彦青在给麾下的25个师发饷时，每个师克扣2万元。

不光是陆上的军阀没钱，海上的军阀同样没钱。1923年4月，驻上海的直系海军突然宣布独立，推举林建章为海军领袖，通电反对直系武力统一，主张联省自治。独立的沪队实际上开始接受皖系的指挥，这就是中国近代海军史上著名的“沪队独立”事件。在这次事件中，皖系成功地分化了直系所掌控的海军，增强了对上海及周边水域的控制，确保了重要的鸦片走私航线，并一举夺取了“海筹”和“永绩”等军舰。

皖系能够成功策动“沪队独立”，关键还在于“银弹”攻势。早在1921年，北京海军部职员就曾因欠饷一年而以全体辞职相威胁。1922年海军又出动舰队抢劫淮盐公所，以充军饷。直系对海军军饷问题的长期漠视，导致从基层官兵到上层舰长，都心怀怨愤。而皖系在策反海军问题上出手大方，为了打点“海筹”和“永绩”的舰长许建廷和蒋斌，皖系派出曾担任“永健”号炮舰舰长的曾以鼎，送给许3万元，送给蒋1.5万元，另有1.7万元发放给舰上军官。

但是，即便以“银弹”击倒了上层军官，但下层水兵并不一定跟随皖系。当“海筹”和“永绩”驶向吴淞口外时，舰上水兵曾群起围攻军官，要求军官解释此次行动的目的，军官则以“到沪后保证补发欠饷”求得了全体人员“无异议”。事后，皖系确实兑现承诺，先补发了海军“沪队”人员三个月的欠饷，其后又陆续一一补清所有欠饷。

军阀刮地皮的手段

既然军阀的部队因为普遍欠饷，在“银弹”面前无力反抗，那么“银弹”所需的庞大资金，又是从哪里来的呢？答案就是地盘，有了地盘，就掌握地盘上的各种税收，就可以合法地勒索控制区域内的商人，甚至还可以依靠开银行和贩鸦片来挣钱。

先来说说税收。民国建立后，各地军阀最初倾向于接受清政府留下的税收体系，但是随着军费飙升，各地军阀便开始疯狂加税。以最善于抠钱的阎锡山为例，除了一般的印花税、烟酒公卖、产销和牌照税、关税和长芦盐运使盐税以及鸦片特税，阎锡山的税务人员还在地方收取田赋、契税、牙税、屠宰税、畜税，甚至还有猪羊小肠税、邮寄包裹税、卷烟吸户税等。此外在田赋之上，还要加征军事差杂费。据研究者统计，1930年山西普通农民每月所受的盘剥大约相当于1897年农民的17倍，而阎锡山1924年的包税总数达700万元，是1914年的足足4倍，但是到中原大战前后，连部分包税商人都被阎锡山的盘剥逼得破产，阎锡山只得暂时放弃包税制度，改为财政局稽收。虽然阎锡山聚敛有术，但由于他控制的区域远不如蒋介石掌握的江浙地区富庶，因此聚敛的财富远不及蒋。同在1930年，蒋介石南京政府的直接军费超过3亿元，其债务以外的财政收入在5亿元左右。从这个角度来看，蒋介石的“银弹”战术大胜的基础，还在于稳固的经济体系。

除了一般税收，军阀还大量依靠开办银行、发行货币以及贩卖鸦片获取军费。上文提到海军“沪队独立”事件，事实上就与皖系军阀卢永祥控制的上海鸦片财源有关。20世纪20年代，上海已经成为外国鸦片倾销江浙乃至整个华东华中的枢纽和中心，据说仅印度鸦片（印土）入关的税收，就足以负担3个师的军费，而同时期从上海进口或转运的还有伊朗来的“红土”以及从中国各地汇集而来的鸦片。这也难怪1924年9月直系军阀齐燮元和孙传芳会联合对卢永祥发起攻击，还是为了争夺上海和整个江浙的控制权。

最后还有一个问题，那些吞下“银弹”的军阀，把财产用在了什么地方？除了购买军火扩充军队，军阀混战中大小军阀基本都过着骄奢淫逸的生活，拥有惊人的财产。如前文提到的曹锟四弟曹锐，总管着曹锟在西方银行以假名开设的大笔秘密存款。1924年春节，曹锟的七弟曹镁发牢骚：“我们曹家现在就四哥（曹锐）手里钱最多，三哥（曹锟）虽当到总统，还不如他，大哥（曹镇）、五哥（曹钧）也各有千八百万元，就是我穷，干了这些年，不过二三百万元，四哥财产已过千万元，还嫌不够？”可惜仅仅几个月后，冯玉祥发动北京政变，监禁曹锟，又将曹锐逮捕，希望他交出曹家的存款。但是因为冯玉祥名声不好，曹锐受惊过度，竟然吞鸦片自杀，以致曹家的大笔存款白白便宜了洋人。

（文/白孟宸）

兵匪横行：兵灾是最可怕的人祸

1918年1月28日清晨，已经在外避居多日的湖南省岳阳厘金局局长龙文蔚，从岳阳方向得知了一个消息：此前占据岳阳的北洋军已撤往江西。龙文蔚立刻雇用一艘渔船驶往岳阳，当船行至岳阳城外滨湖地准备上岸时，龙文蔚却犯了难。原来水际交汇之间，男女尸骸枕藉。龙文蔚无奈之下，只能踩着尸骸上岸。一路上，龙看到岳阳南关外已经被北洋兵烧成废墟，事后统计共有近2000间房舍被毁。在沿途的水田中，常见到缠头束腰之人僵立不动，走上近前才发现，这是被杀害之人两脚插在水田里深没膝盖，故而僵立不倒。原本繁华的岳阳城内，所有店铺住户都被抢掠一空，街道上见不到行人，仅有几个被北洋兵击伤之人，趴在地上奄奄一息。

四川20年爆发400余场战争

龙文蔚所见到的，仅是1918年护法战争中北洋军阀湖南督军张敬尧所部攻击护法南军控制的湖南地区所引起的“戊午兵灾”的冰山一角。从1911年辛亥革命推翻清朝统治之后，中国逐渐被大小军阀所掌握，他们为了争夺地盘，不断互相攻伐，几乎到了“无月不战”的地步。军阀混战，对当时的中国社会造成了严重的破坏、骚扰和灾难，形成了可怕的“兵灾”。

兵灾，一般认为包括战乱直接或间接造成的各种灾难，其中既有战斗本身在战场周边制造的破坏、财产损失及难民潮，也包括战争导致的横征暴敛、兵匪横行等问题，甚至可能与天灾结合在一起，加重自然灾难所造成的损害。

以“战祸惨烈，甲于全国”的四川为例。自辛亥革命胜利以后，到1933年9月“二刘大战”结束为止，四川军阀历时20余年，在120万平方公里的土地上进行了470余场大小战争。据不完全统计，死于战争的军人和百姓，总数达数十万人。仅是1932年至1933年的“二刘大战”，就耗费超过5000万元军费，导致6万官兵伤亡。而在“二刘大战”中，成都巷战就造成成都皇城前门及后子门一带1194户被劫，780户房屋被毁，81名无辜百姓死伤，经济损失超过47万元。

因为连年战祸，“四川农业生产日渐入凋残……荒田日增，耕地日削……以沃野千里之天府名区，四千万农民之辛勤劳作，而乃于不能自给”。事实证明，这并不是文人的夸大其词，1934年合川一县“估计全县人口六十万之中，生活无着者，达四十余万人”。而古蔺县“无法生活而饿死者在三千人以上”。

除了这样直接由战争和与战争有关的横征暴敛而带来的灾难，兵灾与天灾结合，也是军阀混战时期常见的一种境况。例如，1920年直皖战争恰逢华北五省大规模旱灾。战争导致的“拉伕”影响了农事，大量的伤亡导致瘟疫出现，战败的溃兵使得华北五省一夜之间出现了大批土匪，而粮商乘机囤积居奇以及战争对华北交通的影响，进一步加剧了旱灾导致的饥荒，并且使对天灾的赈济几乎无法进行。当时《大公报》哀叹："近畿一带，自春徂夏，雨泽愆期，麦收歉薄，嗣值畿辅兵祸，交通梗阻，以致京内粮价日见飞腾。"

"贼过如梳，兵过如篦"

那么中国军阀混战时期兵灾深重的主要原因到底是什么呢？首先是军阀军队私有化带来的军纪败坏。虽然"军阀"这一词语是近代中国知识分子借用日语提法创造的，但与民国军阀混战十分相似的"大割据"时代却在历史上并不鲜见，汉末的军阀混战，唐中后期的藩镇割据，制造了一批又一批"其凶戾者，强买豪夺，逾犯法令，长吏不能禁"的骄兵悍将。

曹操军纪严明，但是他手下最重要的步兵集团青州兵不但有过多次趁乱抢劫的劣迹，甚至在曹操死后"以为天下将乱，皆鸣鼓擅去"。而唐末到五代的牙兵，凭借强大的武力，一次又一次发动兵变，演出一幕又一幕"兵骄则逐帅，帅强则叛上"的闹剧。说到这里，我们会发现，军队私有化无论是在古代还是近代，都会催生一支难以控制、军纪败坏的"匪军"，这也难怪中国民间谚语都会讲"贼过如梳，兵过如篦"。

从太平天国开始，清政府不得不依靠湘、淮军这样的地主团练武装来镇压国内的农民起义。湘军和淮军虽然表面上吸收了西方的先进军事技术和制度，但它的精神内核更像是中国古代藩镇私兵的借尸还魂。到袁世凯小站练兵建立新军之时，清朝国家军队从一开始就极为糟糕的军事纪律，彻底被疯狂抢夺地盘的军阀们抛诸脑后。

因此，皖系张敬尧这样从一开始就以纵兵抢掠、欺上瞒下为邀功手段的军阀，在混战中脱颖而出，进而成为掌握一省的督军。本文开头，提到了张敬尧所部于1918年护法战争中在湖南犯下的罪行。实际上张敬尧最初发迹，就是依靠辛亥革命爆发后率一营为先锋在武汉烧杀抢掠，却被长官陆军第三镇统制曹锟所赏识，评为“杀敌骁勇”，擢升为团长。

到护国战争前，张敬尧已经成为北洋第七师的师长。当蔡锷在云南倡议讨袁时，袁世凯气急败坏，在1916年1月5日将张敬尧的第7师、曹锟的第3师和李长泰的第8师派往四川，这些北洋军会同1915年已经入川的伍祥祯的第四、李炳之的第13以及冯玉祥的第16混成旅，组成驻川北洋军的主力，川人称之为“北军”。

在北洋军入川之前，四川已经驻有部队，但这些地方团队出于种种考虑，并不敢过度为害地方。但北洋军作为外来者，却丝毫不考虑四川人民的感受。当北洋军开始在四川各地全长500多公里的战线上与护国军及护国川军作战后，为了维持军队供给，便开始变本加厉地压榨四川人民。

在当时的记录中，张敬尧与他的老上司曹锟所部北洋军造成的兵灾最重。巴县县志记载：“锟治军漫无纪律，拉伕应役。辱及妇女，所在骚扰，数倍他军。”金汉鼎则在《云南护国战役亲历记》中专门点出张敬尧："由于张敬尧师所到之处，荼毒人民，甚于蛇蝎猛兽，人民恨之入骨。"

当然，这些记述并不是说当时在四川作战的其他军阀部队，包括护国军和护国川军的纪律就有多好，但就像金汉鼎所说"北军军纪败坏，也是他们遭到惨败的一个重要原因。他们到处找花姑娘在战壕里奸污，并把牧童的耕牛打死，分割吃掉"。四川百姓面对北洋军造成的兵灾，终于站在了护国军一方，如赵钟奇回忆护国运动就专门提到北洋军"到处奸淫掳掠，老百姓恨之入骨。他们都不愿在敌人所控制的地区居住，纷纷迁到护国军的防地来"。

护国战争，最终以北洋军失败告终。但是北洋军所造成的兵灾，却没有随着北洋军撤离四川而结束。相反，"拉伕"等行为很快成为四川大小军阀的家常便饭，兵灾成了四川乃至全国的普遍情况。1917年四川靖国之役，川军与滇军在川南展开混战，各方军队在地方不设兵差供应处，而是派出大量人员在隆昌等地拉伕。拉伕人员趁机向百姓索贿，而被拉去的人受尽折磨，没有工钱也没有饱食，好不容易熬到释放，军队也不给川资，结果被拉者大多是卖衣讨饭回家。

军阀混战带来的"次生灾害"

张敬尧在祸害过四川之后，继续官运亨通。袁世凯死后，段祺瑞出任国务总理，任命张为苏鲁豫皖边境剿匪督办，在徐州一线剿匪。1918年，张敬尧被任命为湖南督军。湖南随之被张敬尧第7师造成的兵灾所笼罩。

张敬尧的第7师此时已经彻底沦为一支匪军，被世人公认为“北军”中军纪最差的一师。而第7师中，又以张敬尧义子张继忠所统领的第5团军纪最为糟糕。

张继忠本名毛思忠，是徐州一带的悍匪。张敬尧在担任苏鲁豫皖边境剿匪督办时，招抚毛思忠，并为其改名为张继忠，收为义子，又令其挑选士兵建立第5团，充任张敬尧的近卫。由于张继忠为土匪出身，他的第5团经常在长沙等地抢劫，被湘人称为“张家官土匪”。1918年护法战争中，张继忠所部是张敬尧破坏湖南的急先锋。叶镜吾在《戊午株洲兵祸记》中提道：“是役也，湖南督军张敬尧所属之第7师及其义子张继忠所统率之匪军各部屠杀无辜百姓数万。”

叶镜吾回忆，北军张敬尧部从2月20日到2月25日，在株洲这片纵横20公里的地区中，残杀了1200余名无辜百姓。4月下旬，北军再次攻入株洲，叶镜吾的邻居汤三哥曾对他说：“马鞍山已开来北兵一旅，正在散乡搜索，奸淫掳抢，杀人放火，如醉如狂，并声言要血洗马鞍山，数十里内要杀得鸡犬不留。”第二天，北军5人冲进叶镜吾的卧室，先盘问有没有“花姑娘”，随后又向叶镜吾要钱。经过搜身，北军仅获得4块大洋，于是将叶镜吾绑在堂下的柱子上，以枪托殴打。后来又逼叶镜吾挑水五担，倒在院中地上，试图通过水流探查窖藏的低洼松土。

张敬尧所部在湖南制造了可怕的兵灾，除了由于自身素质过低、大量官兵出身土匪，张敬尧所部的“客军”身份也是关键的因素。无独有偶，1917 年，入川的滇军也因为自身的“客军”身份，而在四川横行无忌。黄绶在其《刘罗战中武成门尸骸掩埋记》中记述，有出殡孝子两人，经由成都北门扶灵柩行至武成门外，被滇军哨兵拦下，随即带往城墙上推下，边推边说：“汝可赴阴曹，侍奉汝母去。”

如果说军阀部队还勉强能够称为军队的话，那么军阀混战时期所导致的兵变和大批土匪，则制造了更为可怕的兵灾。每当军阀部队战败之时，溃散的部队或三三两两成为溃兵，或啸聚山林成为土匪。这些军阀混战的底层失意者满心怨愤又掌握了武器和作战技能。1920年直皖战争就造成京畿地方“溃兵四窜，百十为群，肆行劫掠，衣物、财务、牲畜、用具，被抢之家，百无一存”。

兵变则是军阀混战时期常见的军队内部事变，既包括起义等政治性的兵变，也包括闹饷等经济性哗变和骚乱。但无论是哪种兵变，都会伴随可怕的兵灾。《东方杂志》统计，从1912年至1922年中国各地发生了179次兵变。1920年9月10日，河间、高阳两县发生兵变，乱兵烧杀抢掠，造成周边蠡县、任丘等地的巨大损失。仅河间一地的经济损失就超过8.4万元，高阳有100多间房屋被毁。

兵灾加速了军阀时代的结束

那么，军阀混战导致的兵灾到底会对中国社会产生什么影响呢？实际上，兵灾的影响除了留下遍地尸体与废墟，还从根本上影响了中国城市甚至整个社会的走向。如四川的成都，从清末开始就是西南地区的经济中心。但随着三家军阀分驻成都，以及刘罗、刘戴在成都关门开战的影响，成都的经济地位迅速下降，逐渐被重庆代替。

对于中国社会而言，兵灾使得百业凋敝，农业、工业和商业均日渐萎缩，借助新技术建立起来的全国交通网不断被破坏，各省间的交通运输联系经常被掐断。以20世纪30年代的四川大邑为例，全县99%的土地都从旧地主手里转到了军阀新地主的手中。

因为农工商业在连年兵祸下不断萎缩，当兵吃粮几乎成为整个社会唯一的上升之路，破产的农民、失业的工人、亏本的工商业者以及青年学生，纷纷加入军队。更重要的是，从宋以后逐渐建立起来的以文制武、抑制地方割据势力的体系随着科举的废除以及军人社会地位的提升彻底崩溃。从“万般皆下品，唯有读书高”到“秀才遇到兵，有理说不清”，军人终于摆脱了自唐末五代以来低人一等的地位，跃居为整个社会最强大的阶层。军人社会和经济地位的提升，反过来刺激更多的青年投身军队，为军阀势力的扩大提供了重要的人力基础。

当然，兵灾从客观上也加速了军阀混战时代的结束。兵灾带来可怕的人员伤亡、财产损失、大量的性犯罪，随兵灾而来的经济困窘和变兵、溃军、土匪横行，让整个中国绝大多数人感到有必要结束“城头变幻大王旗”的混乱局面。而有识之士和新青年军官也开始寻求改变“军队私有化”的局面，从根本上结束军阀时代，顺便解决兵灾问题。因此当新型的革命军队以“升官发财请往他处，贪生怕死勿入斯门”为号召，鼓励有志青年加入之时，中国军阀时代的丧钟终于敲响。从这个角度来看，惨烈的兵灾，也在一定程度上促进了中国军事体系乃至社会的进步。

（文/白孟宸）

联省自治与保境安民

1920年，毛泽东在《为湖南自治敬告长沙三十万市民》中大声疾呼："湖南自治是现在唯一重大的事，是关系湖南人死生荣辱的事。我劝湖南人，我劝我三千万亲爱的同胞，爹妈死了，且慢去埋，大家来将这自治的海堤筑好再说。"

如此吸引青年毛泽东的地方自治思想在当年被鼓吹得轰轰烈烈，如火如荼。湖南谋自治，并非唱独角戏。"联省自治"主张地方分权，由各省制定自治宪法，自行施政，自管军事、经济、教育，进而联合成一国。在20世纪20年代，联省自治一经提出即受到社会各界人士的热捧，并迅速发展成一种社会思潮，进而演变为一场轰轰烈烈的联省自治运动。"联省自治"的口号在当时之所以有吸引力，究其原因是武人长期专权，各省人民都不胜其苦，却又看不到消弭战祸重享和平的前景，于是"求人不得，不如求己"。在这场运动中虽不乏坚守"联省自治"理念的地方实力派，但更多地被各路军阀当作"规避取巧，维持地盘之口禅"，所以这场运动来得快，去得也快。

在这场地方自治运动中，湖南是当时全国唯一实施了省宪的省，《湖南省宪法》的颁布实施被誉为中国"宪政史上的一段奇迹”，而广东的陈炯明则被认为是“联省自治”理念的坚守者。但要论地方自治的效果，最出色的非阎锡山治理下的山西莫属。阎在山西的统治与“联省自治”有明显不同，其与众不同的政策使山西成为20世纪二三十年代中国相对平安、繁荣、稳定的地方。

第一位“民选省长”

湖南自1917年以来，便成为南北军阀混战拉锯之地，受祸最烈。1918年，湖南的督军和省长是由北京政府任命的军阀张敬尧，他烧杀抢掠无恶不作，人称“张毒”。当时《民国日报》记载，张部过处“大半烧残，十室九空，不忍目睹”。1918年张敬尧所部在株洲、醴陵烧杀抢掠，无辜民众死者10余万人，战事过后，醴陵县城“仅遗二十八人”，他的部队也因此被人们称为“披着军衣的活强盗”。毛泽东创办的《湘江评论》杂志只出了四期，就被张敬尧查封了。他还大肆搜刮民财，其倒行逆施激起了湖南各界的强烈愤慨。

1919年，一场声势浩大的“驱张运动”在湖南展开。在“驱张”运动中报刊舆论就提出“自治”的政治主张。还处于青年时期的毛泽东就是“自治”主张最激进的倡导者之一，他认定解决中国问题的最好办法之一就是实行“各省人民自决主义”，喊出建立“湖南共和国”的口号。“爹妈死了，且慢去埋，大家来将这自治的海堤筑好再说”，可知“自治”在他心目中的重要性和迫切性。

1920年夏，只有3000余条枪支的杂牌湘军，硬是将张敬尧的7万北洋军逐出了湖南。之后，有民国“政坛不倒翁”之称的谭延闿便一身兼任湖南督军、省长和湘军总司令三职，但他的这些头衔尚无法坐实，因为北京政府认的还是张敬尧；而且谭延闿作为一介书生，军事上主要依靠的是赵恒惕，为此他曾经承诺一旦战事结束，将把军事指挥权交予赵。虽然在驱张之后，谭延闿为保住权力，首先拾起“自治”旗号。然而面对各派的争斗，迫于内外压力，谭还是被迫让出总司令职务，交给总指挥赵恒惕。由此，赵恒惕成为湖南自治和立宪的关键人物，在中国盛行一时的宪政思潮和联省自治运动中，湖南是最突出的一个省。

赵恒惕接任总司令后，先以快刀斩乱麻之势，在湘军内部武装“安内”，取得了军事上的相对统一。其后，赵恒惕请来省内外的学者名流李剑农、蒋百里、彭允彝、王正廷等11人做省宪起草委员，并打开千年学府岳麓书院的大门，让他们在那里精心思索、仔细研讨。而这些国内一流的宪政学者显然将此看作开创纪元的大事，一些虔诚的起草委员甚至自比“美国制宪会议的先贤”，决心为湖南人民起草一部“根本大法”，以使湖南长治久安。

学者们在岳麓书院闭门一个多月后，拿出了一部《湖南省宪法草案》。宪法起草期间，集军政大权于一身的赵恒惕也做到了“未曾一至起草之地，且未曾一索阅其稿，以示大公”。1921年11月1日，湖南开始对宪法草案进行全省总投票，10天内收到“可”字票数18158875票，“否”字票数575230票，宪法草案获得通过。1922年1月1日，赵正式公布《湖南省宪法》。公布之日，赵恒惕命人以黄纸书写宪法全文，张贴在一个特制的亭子中，由军警开道，用八人大轿抬着游行市街。还开放各个衙署，任人参观，“以示民主之意”。全省各机关团体和群众大庆三天。各地张灯结彩，宣传讲演省宪，并向全国各地发布通电宣言。

赵恒惕作为中国第一位依据省宪产生的“民选省长”，上任后对湖南政治、经济、文化教育的发展还是起了不小的作用。不过，谭延闿、赵恒惕之所以要制宪，搞湖南自治，亦有拉民意之大旗作虎皮，不让外省军阀染指湖南，以求自固自保之意。而实际上，赵凭着“民选省长”的身份，确实对南、北两方染指湖南的企图造成了很大的障碍。不过也正因为此，横亘在中间的湖南，其自治也注定难以长久。

1922年2月，孙中山曾照会湖南方面，欲借道北伐，被赵恒惕以刚刚通过的省宪挡了回去。而原湘军总司令、曾经倡导“联省自治”的谭延闿，此时已加入孙中山的广州政府并放弃“自治”旗号，改宗三民主义。8月7日，谭宣布就任孙中山委任的湖南省长兼“北伐讨贼湘军总司令”，率借来的两营滇军入湘，直抵湖南腹地衡阳。赵恒惕将自己的军队命名为“护宪军”，开往衡阳迎战。两军对阵，一边要“讨贼”，一边要“护宪”。就在战事进展激烈之时，北方的吴佩孚也趁机进驻常德，更有一部北军深入湖南腹地，占据了衡阳。赵恒惕虽然一再拒绝吴佩孚介入湖南内部的战争，但仍然难以避免北军趁“护宪”战争之机插足湘境，吴以援助赵恒惕抗谭为条件，诱使他放弃自治，接受北京政府委任的湖南省长一职。危急关头，赞成“联省自治”的广东军阀陈炯明进攻孙中山广州政府大本营，孙中山急令谭延闿回援，这才解了长沙之围。

谭延闿的军队虽然撤离，但吴佩孚的直系势力却趁机大举进入湖南。在直系的压迫下，经过一番战斗、争吵和妥协，湖南进行了“修宪”，原来的立法、司法等自治权力大大缩小，相互制约的省长与省务院制也被取消。经过赵、谭、吴之战，湘系原本就脆弱的宪政信仰，彻底被军人的武力强权现实所摧毁。“护宪”战争中，赵恒惕倚重的第4师师长唐生智，急剧扩张自己的军力。1926年春天，唐生智起兵进逼长沙。赵恒惕情知难敌，干脆宣布任命唐生智为省内务司长兼省务院长，代行省长职权，自己则向省议会提出辞呈，步谭延闿之后尘离湘出走，离省之际他通电全国，依然坚持自治，“以各省制宪励行自治为第一良图，恒惕志业所存，职此而已”……

唐生智就任湖南省代省长后，虽表面上维持着湖南省宪法和自治的地位，但为的是麻痹北边的吴佩孚。7月，蒋介石在广州誓师北伐，唐生智也在长沙宣布废除湖南省宪法，解散省议会，结束了湖南6年的自治，正式站到了北伐阵营中。

湖南的自治，最后在南、北两大势力夹击下，分裂成拥南和拥北两块，以和平建省为目的的制度实践，最终没有逃过武力统一。

陈炯明的“模范小中国”

当赵恒惕在湖南实践省宪之时，真正在政治理念上支持他的是广东的陈炯明，他与军阀方本仁、赵恒惕曾订立粤湘攻守同盟条约。他坚持联省自治的政治主张因为与孙中山奉行的中央集权、不惜以武力征战谋求统一中国的政治纲领不合，致使两人摩擦不断升级。1922年6月16日，陈炯明部下叶举围攻总统府，炮轰孙中山寓所，制造了“六一六兵变”，这一声炮响的背后，是孙、陈二人对“如何统一中国、如何治理中国”观念的巨大分歧的总爆发。事变后，由孙中山的支持者出版的《陈炯明叛国史》中所刻画的那个“革命叛徒、民国罪人”的形象几乎成为其盖棺论定之议。

1878年陈炯明出生于广东省海丰县。1908年以“最优等生”成绩毕业于广东法政学堂，次年回到家乡创办《海丰自治报》，自任主笔，鼓吹“自治”才是拯救中国的唯一良方。同年，他当选广东咨议局议员并加入同盟会，正式开始其政治生涯。辛亥革命时期，他追随孙中山南征北战，在随后的“二次革命”和讨袁、护法斗争中屡建功勋，并出任援闽粤军总司令。

20世纪初，与陈炯明同唱“联省自治”论者，怀有不同的动机。军阀和依附他们的政客，标榜“联省自治”，实借此保存现有实力、地盘，巩固个人权力，再谋扩张势力，以获取更大范围的统治权。有学者认为，陈的实力不足以问鼎中原，为帝不成而思王，据“联省自治”割据广东便是他的策略。这种推论当然也有道理，不过就现有史料来看，陈炯明似乎对“联省自治”的理念确实情有独钟。1918年12月，他率领援闽粤军进驻福建漳州后，两次电辞广州军政府给他的福建省省长的任命，坚持“以闽治闽”并称：“以省长而论，则炯主张以民治民，非唯今日宣言，抑亦平生之宗旨。区区之愚，既不敢以福建为割据之资，尤不敢以省长为酬庸之具。”而且，“炯主张以闽治闽，以民治民，盖地方分治之基，国家统一之法，悉原于是”。

陈炯明在闽南地区两年多，“刷新政治”，试行地方自治。美国驻厦门领事凯利顿在1920年8月31日发往华盛顿的一份报告中，高度称赞陈炯明在漳州的政绩，称为“模范小中国”，并说：“陈氏……施行各种市政改革，他用的手段，近乎革命；但成效极佳，结果人民都感满意。”短短两年，漳州在陈炯明的治理下焕然一新，一份德国报纸评价陈炯明为“东方一颗明星，正在发出光芒”。

1920年8月，陈炯明奉孙中山之命回师广东，驱逐盘踞广东的桂军，并于10月28日攻克广州。11月，陈炯明就任广东省省长兼粤军总司令。1921年5月孙中山就任非常大总统后，任命陈炯明为陆军部长和内政部长。陈炯明主政后，在广东大力推行他所推崇的“联省自治”。1920年11月，陈炯明发布《告广东父老兄弟书》，宣称“今日以后，广东省者，广东人民共有之，广东人民共治之，广东人民共享之”。到1921年，全省92个县都推行了民选县长、议员。12月19日，广东省议会通过了具有鲜明自治色彩的《广东省宪法草案》，声明“人民在法律上一律平等”，规定对于中央政府的立法和行政，省政府拥有否决权和不承认权。1921年，陈炯明还创立中国第一个建制市——广州。1922年5月，陈炯明发表《联省自治运动》一文，系统而完整地提出了“自治”“联省”“联邦”的政治纲领。

在陈炯明的广东新政令治下，民众有耳目一新之感。在经济方面，陈炯明鼓励兴办实业，并对民资企业大力扶持，广东成为当时全国经济发展最好的地区。在教育方面，陈炯明更是具有其他政客所不能比肩的远见卓识：聘请新文化运动领袖陈独秀来广东主持公办教育，同时大力发展民办教育。

早年，陈炯明是跟随和拥护孙中山的，但随着革命的进行，两人渐生嫌隙。当孙中山规定中华革命党党员须向领袖宣誓效忠，绝对服从，还要打手模指印，陈以为有损人格，拒绝执行。1921年4月，200多名议员召开国会非常会议，在孙中山坚持实行记名投票要求下，表决通过了《中华民国政府组织大纲》，大纲规定大总统的产生和权限，却没有任期。一切政务、军务、内阁任免等均由大总统一人决断，孙中山被选举为非常大总统。此举遭到陈炯明的反对。陈认为，依总统选举法，总统应由两院联席选出，出席议员至少达到全部的2/3即580人，才能举行总统选举，此时广州旧国会议员只有200多人，还不够原众议院人数的一半，而且实行记名投票，陈炯明质疑：“这和之前北方毁法，又有什么本质不同？”陈炯明反对孙中山任职，拒绝参加就职典礼。自此，二人政见分歧开始明朗化。

孙中山和陈炯明的矛盾终于在坚持还是反对北伐的问题上爆发了。孙中山在1925年逝世后，陈炯明亲拟了一副挽联致悼：“惟英雄能活人杀人，功罪是非，自有千秋青史在；与故交曾一战再战，公仇私谊，全凭一寸赤心知。”挽联中表示，导致自己和孙中山一战再战的是“公仇”，而非个人恩怨。1933年8月22日，陈炯明病逝，据称其逝前索笔，口中还连呼“共和”等语。

阎锡山“在三颗鸡蛋上跳舞”

1920年前后的联省自治风潮旋生旋灭，但同样打着“保一方平安，促一地繁荣”的阎锡山却能统治山西38年，成为名副其实的“山西王”。山西是民国时期的“模范省”，美国《时代》周刊曾对阎锡山治晋作过这样的评价：“阎锡山实际上处在一个独立王国之中。尽管当时晋西南地区还存在粮食短缺，但阎锡山为一千一百万人带来了繁荣，在中国，他们最富裕，因而他便显得出类拔萃。阎的嗜好不是女人、酒、鸦片，甚至也不是金钱，而是优质的道路、纺织、防御部队、维持秩序的警察，发展优良的牛、马、耕具、家禽、肥料——所有能为他的乡亲直接带来好处的事物。”

阎锡山的名字，是五台县的一位曲秀才取的，源于杨载的两句诗：“道人卓锡向名山，路绝岩头未易攀。”他治军有方，驭人有术，一生奉行“中”的哲学，脚踏两只船，拥蒋反蒋，联共反共，抗日通日，在“三颗鸡蛋上跳舞”，左右逢源，朝秦暮楚。正因如此，他虽生逢乱世，却能根据世事变化适时改变战略路线。

阎锡山的圆滑也是在清末民初“你方唱罢我登场”“城头变幻大王旗”的环境下历练出来的，他总结经验教训，提出“三不二要主义”，即“不入党、不问外省事、不为个人权力用兵，要服从中央命令、要保卫地方治安”。后来他进一步概括为“保境安民”，对外界的争斗采取“中立”。经过数年的苦心经营，山西成为他独霸一方的小天地。当然，军阀混战时代山西保持较为和平的状态，也和该省地形上比较封闭、外力难以介入有很大的关系。

阎锡山在山西的许多政策和措施都烙有鲜明的阎氏印记。以农业发展为例，从1917年开始，阎锡山推出“六政三事”(“六政”：水利、种树、蚕桑、禁烟、剪发、天足；“三事”：种棉、造林、畜牧）来发展农业。阎锡山的政策非常灵活，为解决水利建设中资金不足的问题，他允许先贷款后偿还；在发展蚕桑业时，他不仅设置专门机构，还向农民提供技术和管理服务；他还把政治教育糅合在经济政策中，向农民不断灌输儒家思想。这样，阎锡山在山西建立起一个有利于自己统治的社会秩序，在全省范围内把政权渗透到村一级。有一次宪兵司令部逃走了一个犯人，阎锡山立即给各县打了电报，结果不到三天，就在盂县查获，可见其治安效率之高。

除了花大力气治理农村，阎锡山还兴办工矿业、交通业和商业。他修建了横贯山西南北、长约800公里的同蒲铁路，不过他造的铁路自成一体，全是窄轨；开采煤矿、铁矿；建造了太原兵工厂、太原钢铁厂等一系列大型重工业厂和众多与民生相关的轻工业厂。他设立的兵工厂，生产的弹药不仅能满足自己军队的需求，也成为他拉拢和要挟其他军阀势力的重要工具。1925年，他开始从法国引进技术，组装飞机。到1930年底，他已经有了20多架飞机。

阎锡山一向以小气抠门、精于算计著称，但他在教育上却很舍得投入，山西的义务教育在各省遥遥领先。对于义务教育，阎氏认为："凡是山西百姓，不论贫富贵贱的小孩子，七岁到十三岁，这七年内须要有四年上学，这就名叫国民教育；凡上过学的人，知识就高了，身体也壮了，为父母的无论如何贫穷，总要使子女上学，是父母对于子女的义务，又名叫义务教育；国家法律定的，人民若不上学，就要罚了还得上学，又名叫强迫教育。"从1924年起，山西适龄儿童入学率每年都在80%以上。为了普及义务教育，1919年，阎锡山创办山西省立国民师范学校，创校之初，学生达到1570人，一律免收学费。学生的制服、伙食、住宿、讲义等费用也都由学校提供。课本费学校补助一半，学习用具等学校补助1/3。徐向前元帅即该校第一期学生。阎锡山还自掏腰包办教育。他在其家乡山西忻州河边村创办的川至中学（设附小），共7排140间瓦房，礼堂、会议室、生化研究室、标本陈列室、运动场等一应俱全。头4年不收学费，每年还给学生发一身校服、一双皮鞋（后改为帆布鞋）。这一切都是阎锡山自己掏的钱。

阎锡山是在用一套治国之策治理山西。1932年，阎锡山开始编制《山西省政十年建设计划方案》。从此，山西进入十年省政建设时期。《山西省政十年建设计划案》包括政治、经济、文化各个方面，这其中包括成立四银行号和实物准备库；修筑同蒲铁路；创办西北实业公司等。为了"扶助社会办理之实业事项和发展公营事业"，阎锡山设立山西省公营事业董事会，用于领导发展公营事业。此后，山西的官办经济在原有的基础上迅速发展起来。而1935年，蒋介石才开始实施第一个五年建设计划。

20世纪30年代中期，上海英文报纸《字林西报》刊登过一幅阎锡山的漫画：他身着长衫马褂，头戴瓜皮小帽，一边拨拉算盘一边念叨：今天又进多少钱。其给人的公众形象最深的一面就是：精明、会算计。

（文/黄金生）

国民革命军是怎样炼成的

1921年5月5日，广州市的商店、工厂、居民皆悬旗结彩，位于德宣路的革命政府门前更是军政要人云集，旗帜如林，锣鼓喧天。孙中山身着黑色礼服，庄严肃穆地发表了（非常）大总统就职宣言及对外宣言，他表示将“竭志尽诚以救国民，破除障碍，促成统一，巩固共和基础”。同时在对外宣言中希望各国承认广州政府“为中华民国唯一之政府”。大总统就职典礼热闹非凡，工农商学各界纷纷前往总统府庆贺，一位叫陈宜禧的旅美华侨一见到孙中山便说：“大总统，原来你就是孙文，在美国谋生的唐人，没有一个不知道的。你做大总统，名义还不够好，大元帅更不好，最好还是登上皇帝，做个真命天子啊！”孙中山听后不仅面无愠色，反而耐心地向陈宜禧解释专制与皇帝究竟为何物，并告诉他自己致力于国民革命的目的。尽管孙中山只是在广州一隅当上非常大总统，但对于当时之中国而言不啻平地惊雷，从这一天开始，中华民国有两个总统、两个国会、两个中央政府。尽管一南一北互不承认对方的合法性，但在外人眼中，这更像是出现了两个中华民国。

孙中山决心另起炉灶

1918年7月，孙中山愤然辞去护法军政府的职务后，蛰居上海，杜门不出。其间，他深刻反思自己过去屡次失败之原因，并开始梳理自己的思想学说。后来传世的《三民主义》《建国方略》等著作的最终版多是成书于此时。在著书立说的同时，孙中山也没有停止实践工作，于1919年10月10日改组中华革命党为中国国民党，政党改组当日发布《中国国民党规约》，首条开宗明义："本党以巩固共和、实行三民主义为宗旨。"后来广为人知的国民党就是此党，与民初五党合并而成的那个国民党并非同一回事。

不过，仅在一个多月后修订的《规约》中，孙中山就将"巩固共和"四个字删去，变更为"本党以实现三民主义为宗旨"。从这些文字改动都能看出孙中山思想的变化，推翻清朝时，他曾一度认为民族、民权两主义皆已实现，今后只需专注搞好民生主义便能复兴中华，但在屡经挫折后，他才明白原来前两者一样都没有实现，于是再度重提"三民主义"。至于为何删去"巩固共和"四字，是因为孙中山认为"当时南北政府为官僚、军阀把持，'民主共和'的中华民国政府已名存实亡"，自然也就无从巩固。再度出山的孙文显然已经做好另起炉灶、重建民国的准备。

孙中山与军阀决裂的第一步就是驱逐桂系，夺回广州，打倒"挂护法招牌，暗与北洋军阀勾结，并大开烟赌，弄得乌烟瘴气"的"七总裁军政府"。1920年，驻闽南的粤军与孙中山取得联系，第二军军长许崇智派代表来沪会见，并请孙中山派遣得力人员到福建协助策划军事。在双方的配合下，粤军于当年10月赶走广州督军莫荣新，成功瓦解了“七总裁军政府”。达成第一个目标后，孙中山以中国国民党总理名义任命陈炯明为广东省省长兼粤军总司令，并于11月偕夫人宋庆龄乘“永翔”舰回粤主持大局。依孙中山的计划，革命军首先要在广州建立政权。11月28日晚，孙中山在广东署宴会上的演说中明确指出“中国必须统一”，表示自己的政府与只想割据一方的军阀政府有本质不同，尽管他强调“只有以民治为统一办法，才可指望长久的统一；武力不过是辅助手段，非不得已时，不宜轻用”，但他与北洋决裂之心已定，一方面希望回粤“务使改造广东之良好风气，传及各省”，另一方面积极作北伐的军事计划。

1921年元旦，孙中山在广东军政府发表演说，强调在广东建立正式政府的必要性。所谓正式政府，是指与北洋政府一样有国会、有总统、有宪法的中华民国政府。孙中山认为“北伐必先正名分，以堂堂正正之旗鼓与北京政府对抗，方足以树风声而资号召”。3月18日，孙中山向广东省省议会提出，应由国会制定五权宪法。4月4日又向南下的国会议员建议迅速建立正式政府。4月7日，国会非常会议参众两院联合会议通过《中华民国政府组织大纲》，选举孙中山为总统。4月10日，国会非常会议发表宣言，正式组建中华民国中央政府，并敦请孙中山就任总统。经各方商议，总统就职典礼定于“双五”（5月5日）举行，于是便有了本文开头的一幕。

陆记桂系土崩瓦解

不过，孙中山的政府并不能被广泛认同，早在就职筹备期间，桂系军阀广西督军陈炳焜就通电反对。在广州政府内部，粤军将领陈炯明及其部将对孙中山的北伐计划也持有异议。陈炯明反对北伐的理由主要有两个：其一，粤省一隅不足以敌北京政府及其所属军阀；其二，联省自治可以相安而进于长治。据当时在广州政府任职的罗建群回忆，孙中山得知陈炯明不赞同北伐后，曾找陈谈话："我被选为大总统，举国皆知，只要我一出师，长江及华北军民甚多欢迎归附者，北洋军阀决无力来犯粤省。桂军残部惩于侵粤之败，哪还敢再向粤谋，请竞存（陈炯明字）放心。"同时他还说"(北伐)成功自不用说，万一事败，则我出走，粤省任由竞存去和人家妥协，我可不管，这样好吧"。孙中山决心已定，陈炯明也便没有再当面反对。但北伐统一与联省自治的政见分歧却成为日后孙、陈反目成仇的主要原因。

20世纪20年代的中国有个很奇特的现象，虽然有一南一北两个政府、两个总统，并且双方都视对方为"非法"，但南北始终未发生大规模、高烈度的战争，诚如陈炯明所言："北庭日言南征，中山预备北伐，其浪声之高，俨成事实。然双方皆纸上谈兵，做市虎惊人之计矣。其实北之南征，故未有饷有械，而南之北伐，亦未有饷械，焉能出师对抗。"

不过在这一国两府的对峙期内，却出现了北打北、南打南的局面。在北方，以段祺瑞为首的皖系军阀在1920年的直皖战争中战败，迅速出局，北洋政权进入直系当家的时代。南方的孙中山就任非常大总统后，北京政府大为震动，但无力南征，便怂恿之前被赶走的桂系军阀陆荣廷进犯广东。

为应对桂系卷土重来，孙中山于5月28日命归附广东政府的粤、滇、黔、赣各军做好征伐陆荣廷之准备，陈炯明也于同日发布《讨伐桂系通电》。6月中旬，桂军分别向广西灵山，广东廉江、连山等县进犯，皆被粤军击退。随后，桂军从北江、西江、南路兵分三路倾巢而出。为督率讨桂各军尽力征讨，陈炯明于20日亲赴肇庆行营督军，双方几经交火，桂军师长刘震寰即被策反倒戈，桂军大败，广西梧州城于6月26日被粤军攻克。次日，孙中山正式向陈炯明发出讨伐陆荣廷的命令，粤军一路势如破竹，7月15日攻克平南，8月13日攻克桂林，9月30日攻占桂系最后的据点龙州，陆荣廷仓皇逃往越南。粤军在此次粤桂战争中的胜利使两广皆成为广州政府的控制范围，从此，陆记桂系军阀土崩瓦解，无力东山再起。

北伐统一与联省自治的矛盾

两广统一后，孙中山于1921年10月8日向国会提出北伐案，并获得国会通过。不过陈炯明对北伐依然持反对态度，他认为全国还有很多与陆荣廷一样的军阀，以广东一省之力与这些武人相抗并非易事。对孙中山，陈炯明要么避而不见，要么不予明确答复。孙中山则依旧坚持自己，于12月4日抵达桂林组成北伐大本营，并公布《大本营条例》。此时他的北伐军共有4万余人，组为7个军团，分别委派许崇智为粤军总司令、李福林为福军总司令、朱培德为滇军总司令、彭程万为赣军总司令、谷正伦为黔军总司令。1922年1月18日，蒋介石与许崇智、胡汉民、李烈钧等拟订北伐作战计划，“第一目的为攻取湖北，第二目的为攻取江西”。2月3日，孙中山下达北伐令，命各军分路出师北伐，“李烈钧率滇、黔、赣各军为第一路，进攻赣南及鄂东；许崇智率本部粤军为第二路，跟湘军联合，目标是攻取武汉”。各军于27日举行北伐誓师典礼。

当时的粤军中以反对北伐者居多，只有许崇智和邓铿两人坚定支持孙中山，前者率北伐军出征，先锋部队于2月12日进入湖南，邓铿则留守广州负责筹划军饷军械。3月21日，孙中山接到一个晴天霹雳的消息——邓铿忽然遇刺身亡。愤怒的孙中山认定刺杀邓铿的幕后策划者就是陈炯明，立即召开紧急会议，准备将陈的总司令、陆军总长、内政总长、省长等职一概免去，胡汉民认为这样操之过急反而会逼反粤军，故力劝孙中山息怒，建议先免去陈的内政总长及省长两职。在军事方面，鉴于湖南督军赵恒惕与陈炯明关系甚密，孙决定将大本营设于韶关，北伐由韶关入江西北上。4月28日，北方风云突变，直奉战争爆发，孙中山根据与段祺瑞、张作霖“三角联盟”，于5月8日发布总攻击令，命北伐军兵分三路向江西挺进，直取赣州。一开始，北伐军攻势顺利，大庾岭以北皆被收复，并于6月13日攻克江西赣州，兵临南昌，形势一片大好。没想到仅在3天后，广州就发生了后院起火的“六一六兵变”。

致力于联省自治的陈炯明因与孙中山政见不同，最终酿成水火不容之势。6月16日凌晨3时，陈炯明的部将叶举忽然带兵包围位于观音山的总统府，孙中山被迫转移到珠江水面上的“永丰”舰上，在与陈军相持50余日后，终因孤立无援，不得不于8月9日由广州退往上海。尽管事发前孙中山就已收到消息并及时撤离，但这次“六一六兵变”还是给他造成了十分沉重的打击，不仅北伐大业因此中断，还失去了革命策源地广州。事后孙中山谈及“陈炯明叛变事件”，痛心疾首地说：“文率同志为民国而奋斗垂三十年，中间出死入生，失败之数不可偻指，顾失败之惨酷未有甚于此役者。”

孙中山明白了“枪杆子”的重要性

如果说护法军政府的失败让孙中山意识到必须改组自己的党，建立正式政府，那么“六一六兵变”让他明白的便是组建自己军队的必要性。孙、陈对峙期间，孙中山对正在北伐的部队进行改组，赋予了“讨贼军”之番号，这里的“贼”自然是指陈炯明。“东路讨贼军”以许崇智为总司令，蒋介石为参谋长，辖3个军。后又将滇军杨希闵、桂军刘震寰部组成“西路讨贼军”，杨希闵为滇军总司令，刘震寰为桂军总司令。另外，粤军中的陈济棠、邓演达等在兵变发生后陆续率部退至肇庆与梧州间的莫雄部，表示拥护孙中山。

由于还有这么多军队做后盾，孙中山没有离开广州太久。1923年初，东西两路“讨贼军”向广州合击，迅速击败陈军，陈炯明率部退往惠州。应获胜诸将领邀请，孙中山再度南下广州，于3月1日设立中华民国海陆军大本营，大元帅由孙中山本人担任。

设立海陆军大本营是孙中山第三次在广州建立政权，他每次建立政权都会与北洋政府进一步决裂，护法时期虽另立军政府，但旗号还是“护法”，并未完全否认北京政府的合法性；广州中华民国政府时期则名正言顺地开国会、选总统，指责北洋政府的总统徐世昌为“非法总统”。到了大本营时期，孙中山直接否认了北洋政府的五色旗作为国旗的合法性，他于1923年8月15日在广州全国学生评议会上演讲时说：“比如五色旗，你们刚才向伊三鞠躬，我就不，你们一定以为我不敬国旗了。哪里晓得五色旗是清朝一品官的旗，我们革了皇帝的龙旗，却崇拜官僚的五色旗，成什么话！诸君要就弃去五色旗，要就用我们从前革命的旗帜，现在海军用的青天白日旗……”

孙中山对五色旗的不满并不只是批判一番这么简单，早在民国初年选国旗时，他就以该旗五个颜色从上到下排列，无法表示民族平等为由反对选为国旗，但未能奏效。一直以来，孙中山最中意的是他在广州起义时牺牲的挚友陆皓东亲手设计的青天白日旗，为了这面旗，他曾不惜与最得力的搭档黄兴争得面红耳赤。“二次革命”失败后，流亡日本的孙中山组建中华革命党，颁发的党证与委任状上皆采用“青天白日”为党旗，“青天白日满地红”为国旗。就任非常大总统期间，他曾一度废止五色旗，但因种种原因未能彻底实行。等到1923年回师广州组建大本营之时，孙中山与北洋政府已势不两立，索性把当时中华民国的国旗也否定掉。1924年6月30日，中国国民党中央执行委员会决定以青天白日满地红为中华民国国旗，从此与北洋政府各树一帜。国旗的变更还只是表象，孙中山真正要做的是建立自己的军政体系。

“国民党必须组织培养自身的军队”

既然已彻底否认了北洋政府的合法性，那么南方政府就必须通过北伐推翻北廷，建立一个“真正的中华民国”，至少名义上是这样的。孙中山回广州就任大元帅后，陆续来粤的湘、豫、鄂、陕等省的军队，沿用的还是讨伐陈炯明时期的“讨贼军”番号，但这些部队多为各省游散军队，存在“系统各别，称号杂沓，军制混乱，有名无实”的乱象。1924年1月国民党“一大”在广州召开，会议决议将创办军校、建立党军以及改造旧军队提上日程。孙中山根据《建国大纲》精神，于10月13日下令将大元帅府所属的各路“讨贼军”一律改用“建国军”番号。据《国民革命军沿革实录》载，改编后各部及其将领分别为“许崇智建国粤军，谭延闿建国湘军，杨希闵建国滇军，刘震寰建国桂军，沈鸿英广西建国军，樊钟秀建国豫军，何成浚建国鄂军，李明扬董开福建国赣军，路孝忱建国山陕军，唐继尧云南建国军，熊克武建国川军，唐继虞贵州建国军，方声涛福建建国军，朱培德建国第一军，柏文蔚建国第二军，卢师谛建国第三军，黄明堂建国第四军，吴铁城建国警卫军，邓彦华大本营警卫部”。从各路“建国军”中的粤、湘、滇、桂等番号不难看出，这些部队仍带有浓厚的地方色彩，番号虽变，但拥兵自重，对于孙中山朝拥夕叛的本质并不会因此改变。对于孙中山而言，当务之急是建立属于国民党自己的“党军”，而这次他找到的国际盟友正是刚刚建立不久的苏联。

俄国1917年发生“十月革命”时就已引起孙中山的关注，后来他总结俄国革命胜利的经验，认为“俄国发生革命的时候，虽然是一般党员作先锋去同俄皇奋斗，但是革命一经成功，便马上组织革命军；后来因为有了革命军做革命党的后援，继续去奋斗，所以就是遇到了许多大障碍，还是能够在短时间之内大告成功”。同时他也意识到“我们的革命，只有革命党的奋斗，没有革命军的奋斗；因为没有革命军的奋斗，所以一般官僚军阀便把持民国，我们的革命便不能完全成功”。基于此，1921年冬，奉列宁之命来华的共产国际执行委员马林与孙中山见面，两人相谈甚欢，互相留下良好的印象。1923年1月23日，孙中山与从莫斯科前来的越飞签署了《孙文越飞联合宣言》，确立了其联俄联共的基本路线，并于当年9月派出以蒋介石为团长的“孙逸仙博士考察团”访问苏联，其间对苏联的军队、军事院校以及制度进行了考察。

在与越飞的会谈中，孙中山曾提出了自己打算在西北建立军队的计划，他认为广州靠近香港，建军易受英国之影响，而在西北靠近苏联，更利于搞军事建设，越飞对西北建军计划虽表示赞同，但因苏联担心中国在西北建立军队后重新控制外蒙古，故这一计划最终未能实施。不过，越飞于1924年初在日本与孙中山会面时，提出的建议倒是正合孙之心意，他说："以往的中国革命，过于借重军阀之力，因而常导致失败。国民党必须组织培养自身的军队。"

从"建国军"到"党军"

1924年1月20日上午9时，中国国民党第一次全国代表大会在广东高等师范学校礼堂开幕，孙中山担任大会主席主持开幕式，并致开幕词。他再次批评辛亥革命时期在革命党中一度盛行的"革命军起，革命党消"的观点，并提倡坚持"革命军起，革命党成"。会议上，孙中山重新解释了三民主义，并确立了联俄、联共、扶助农工的三大政策。其实早在"一大"之前，国民党就已决定创办一所军校，"孙逸仙博士考察团"于1923年底归来后，国民党召开恳亲会讨论党务，通过建立军校之决议。军校的正式名称为"中国国民党陆军军官学校"，1924年1月28日，孙中山决定将军校设立在广州黄埔岛上，故而有"黄埔军校"这个广为人知的名字。1924年暮春，黄埔军校开始招收第一期学生，并于5月2日任命蒋介石为校长。

1924年6月16日，黄埔军校正式举行开学典礼，之所以选在这一天，是为提醒军校师生莫忘两年前"六一六兵变"之耻。军校的校训也为孙中山亲自拟定，全文48字，精简易懂："三民主义，吾党所宗。以建民国，以进大同。咨尔多士，为民前锋，夙夜匪懈，主义是从。矢勤矢勇，必信必忠，一心一德，贯彻始终。"后来，校训经谱曲后被定为中国国民党党歌，待到北伐完成，又被定为中华民国国歌。不难看出，黄埔军校的办学方针正是“党化军队”，以“主义建军”。

军校创办之初，资金困难，物质贫乏，尤其缺少武器，据说开学时费尽周折才弄到30支枪，仅够配发给卫兵。后来苏联送来“步枪8000支、手枪10支、刺刀8000把、每枪配发子弹500发”，方才解了燃眉之急。就在建校当年的秋季，广州爆发商团叛乱，被黄埔学生军以迅雷不及掩耳之势平定。这一事件让孙中山意识到必须建立一支由国民党领导、指挥的军队的紧迫性，他在给蒋介石的函电中强调“练兵一事为今日根本之图”。蒋介石接到指示后，请来何应钦商议筹备组建军校教导团，总教官由何应钦担任。1924年11月20日，军校教导团第一团正式成立（团长何应钦），12月又成立教导第二团（团长王柏龄），是为校军之始。黄埔军队仿苏联红军制度，强调政治领导，团、营、连各级部队均设党代表一职，党代表与部队军事长官有同等领导权力，“凡军队一举一动，一兴一废均须受其节制，以示党化”，无论党代表还是军事长官，皆由军校毕业生担任。与当时“有枪就是草头王”的军阀比起来，黄埔建军的模式迈进了一大步，这也是后来的国民革命军在北伐战争中能屡战屡胜的主要原因之一。

黄埔学生军初战告捷

1924年，中国很不平静，聚集广州的大小军阀虽打着“建国军”的旗号，但各怀鬼胎，蠢蠢欲动。10月，千里之外的北京也发生了一场震惊全国的政变，直系将领冯玉祥在第二次直奉战争中忽然倒戈，率部控制北京，软禁总统曹锟，在直皖战争中落败的段祺瑞想借机东山再起，双方邀请孙中山北上共商国是。病重的孙中山仍坚持乘船赴京，临行前，他再次走进黄埔军校的讲台，这次的演讲没有当初那般慷慨激昂，却给黄埔师生留下了一句令他们终生难忘的话："今有学生诸君，可完成吾未竟之志，则可以死矣！"

孙中山北上后，广州大本营的处境更加凶险，盘踞东江的陈炯明虎视眈眈，准备卷土重来。为巩固广东政权，大本营决定于1925年春发起东征之役，讨伐陈炯明。1925年1月30日，东征军大本营召开军事会议，决议兵分三路进攻东江。郑洞国、蔡光举、蒋先云等刚毕业的黄埔一期生作为营、连级干部随教导团编入右路。不过黄埔生并不被看好，滇军、粤军的将领们都认为学生军"中看不中用"，陈炯明军的前敌总指挥林虎更是不屑一顾地说："什么学生军？不过是几个小孩子要把戏罢了！"唯有卧病在床的孙中山对校军充满信心，他于2月5日来电："大病方苏，闻东江将战，望努力破敌，以安内而威外。"

东征战役是黄埔学生军真正意义上的首战，他们承受着敌、友军的蔑视，也承载着总理孙中山与校长蒋介石的期望。战场之上，刚毕业的黄埔生无论是作为部队官长还是党代表，皆亲临前线，舍生忘死，营级党代表蔡光举更是在进攻淡水城时组织敢死队攻城，中弹牺牲。校军在淡水、棉湖诸役中表现出惊人的战斗力，令友军刮目相看。东征前线正打得如火如荼之时，身患肝癌晚期的孙中山在留下"和平、奋斗、救中国"的最后呼声后，在

3月12日病逝于北京。

孙中山的逝世使广州革命政权出现权力真空，各路势力暗流涌动。为进一步加强校军建设以防变故，国民党中央执行委员会根据廖仲恺的提议，于4月13日将校军的两个教导团编为党军第一旅，由何应钦担任旅长，全旅归蒋介石节制。果然，仅在党军编成一个月后，军阀杨希闵、刘震寰公开发动叛乱，各路东征军迅速回师广州，经一番激战，成功击退杨、刘叛军。

平定“杨刘之乱”后，国民党中央政治委员会作出改组大元帅府的决议。1925年7月1日，中华民国国民政府在广州第三公园举行开府典礼，国民政府正式组建。3天后，国民政府的最高军事领导机关——军事委员会成立。针对民国以来军阀割据、地方主义色彩严重的现象，国民党中央执行委员会曾于5月通过“整饬军队案”，准备对全国（控制范围）军队进行全面整改。军委会成立后，于8月26日决议，建国军、党军一并改编为国民革命军，原先“建国”二字后以省命名的滇、粤、桂等番号一律废除，代之以数字为番号，最先编成国民革命军第一军至第五军，次年又相继编成国民革命军第六、第七、第八军。其中除蒋介石的第一军源自党军教导团，程潜的第六军为国民政府警卫军与赣鄂军合编而成外，其他六个军皆为湘军、桂军、滇军等地方部队改编而成。尽管地方番号在名义上已废除，但根深蒂固的地方主义和军阀思想却很难根除，其遗祸延续20余年，直至国民党政权败退台湾。

从另一个角度看，国民革命军成立后，很大程度上加强了整支军队的凝聚力。1925年10月至11月，国民革命军发动第二次东征战役，彻底肃清了陈炯明在广东的势力。1926年7月，北伐战争打响，国民革命军一路向北，势如破竹，最终推翻了北洋政权。1928年东北易帜后，国民政府完成了全国形式上的统一。尽管新政府建立后，仍有蒋桂战争、中原大战等所谓的“新军阀混战”，但与北洋时期不断耗散的混战有本质不同，更像是中央对地方“削藩”引发的战争，国民政府中央对全国的控制力也远超北洋政府。到抗日战争胜利后，除桂系、晋系等较顽强的军阀势力尚存外，全国多个省份皆已中央化。可以说，1925年国民革命军的建立是这个军阀之国从耗散转向凝聚的起点。遗憾的是，国民党直至1949年在大陆失去统治地位，始终也未能彻底切除军阀这颗“毒瘤”。

（文/周渝）

图书在版编目（CIP）数据

军阀时代：内忧外患的大争之世 /《国家人文历史》编著. —北京：大有书局，2022.6
（历史的智慧）
ISBN 978-7-80772-076-8

Ⅰ. ①军… Ⅱ. ①国… Ⅲ. ①北洋军阀史—通俗读物 Ⅳ. ①K258.209

中国版本图书馆CIP数据核字（2022）第035318号

书　　名　军阀时代：内忧外患的大争之世
JUNFA SHIDAI:
NEIYOU WAIHUAN DE DAZHENG ZHI SHI
作　　者　《国家人文历史》编著

策划编辑　李瑞琪
责任编辑　吴春艳
责任校对　李盛博
责任印制　袁浩宇
出版发行　大有书局
（北京市海淀区长春桥路6号　100089）
综 合 办　（010）68929273
发 行 部　（010）68922366
经　　销　新华书店
印　　刷　中煤（北京）印务有限公司
版　　次　2022年6月北京第1版
印　　次　2022年6月北京第1次印刷
开　　本　160毫米×230毫米　1/16
印　　张　14
字　　数　147千字
定　　价　50.00元

本书如有印装问题，可联系调换，联系电话：（010）68928947